Marianne Wein-Gysae

Dackel, Teckel, Dachshund

Aufzucht · Pflege · Ausbildung

Im FALKEN Verlag sind zahlreiche Bücher über Hunde erschienen, darunter:
»Falken-Handbuch Hunde« (Nr. 4118)
»Falken-Handbuch – Der Deutsche Schäferhund« (Nr. 4077)
»Hundekrankheiten« (Nr. 0570)
»Grundausbildung für Gebrauchshunde« (Nr. 0801)

ISBN 3 8068 0508 3

© 1981/1988 by Falken-Verlag GmbH, 6272 Niedernhausen/Ts.
Titelfoto: Reinhard-Tierfoto
Rückseitenfoto: W. Jopp
Farbtafeln: 1 Bildagentur Mauritius, 2 (oben) Karin Schreiber, (unten) Friedrich Mannkopff,
3 Reinhard-Tierfoto, 4 Bildagentur Mauritius
Schwarzweißfotos: Ch. Bergmann, Ch. Domnik, A. Binnwies, Deutscher Teckelklub,
Foto Herrlich, A. Kellner, Dr. H. Kettendörfer, B. Langmann, K. Lüdde,
Bildagentur Mauritius, Reinhard-Tierfoto, K. Schreiber, G. Weber, Foto Wiesner,
U. Wilkens, M. Wein-Gysae (23).
Zeichnungen: Dachshunde bei der Arbeit:
aus »La Vénerie du Jaques du Fouilloux« (1561).
Stammbaum: Thomas Riemann.
Die Ratschläge in diesem Buch sind von Autor und Verlag sorgfältig erwogen
und geprüft, dennoch kann eine Garantie nicht übernommen werden.
Eine Haftung des Autors bzw. des Verlages und seiner Beauftragten für
Personen-, Sach- und Vermögensschäden ist ausgeschlossen.
Gesamtherstellung: Uhl, Radolfzell

817 26

Inhalt

Zur Geschichte

Dackel, Teckel, Dachshund – dies sind Namen für ein und dieselbe Rasse, die sich in der einschlägigen Literatur schon früh nachweisen läßt. Bereits Ende des 17. Jahrhunderts werden die »Dachskriecher« neben Biber- und Fischotterhunden als eine sonderliche und niedrige, schlimmbeinige Art erwähnt.

Von Hohberg beschreibt 1701 die Dachshunde als »von niedriger Statur, langem, schwachem Leib, etwas gebogenen Füßlein und in den Farben von Grau bis Schwarz«. 1719 schreibt der zu seiner Zeit berühmte Jagdschriftsteller Hans Friedrich Freiherr von Flemming von »kleinen Erd-Hündlein als Schliefer oder Kriecher, die so zu ihrem besseren Fortkommen klein, lang und schmal vom Leibe, mit niedrigen, etwas eingebogenen Füßlein versehen sind. Diese Zwergart ist meistenteils von Farben rot oder schwärzlich, mit behangenen Ohren, fast dem Jagdhund ähnlich, nur daß sie kleiner als Zwerge sein.«

Dachshunde bei der Arbeit, aus »La Vénerie du Jaques du Fouilloux« (1561).

Woher stammt der Dachshund?

Er hat sich aus der dackelähnlichen, aber hochläufigen Rasse der Bracken ent-wickelt, der man Wachtelhunde, Spaniels und Dandie Dinmont Terrier als Zucht-partner zuführte. Diese Dachshunde, deren Läufe durch Mutation verkürzt waren, fanden überwiegend als Erdhunde Verwendung.

So erläuterte Schaeme in seiner Morphologie des Haushundschädels, daß »die Niederzwergbracke, die von den alten Keltenbracken herstammt und von dieser – wie die anderen Abkömmlinge, die englischen Bluthunde und die verschiede-nen französischen Brackenschläge – die langen Schlappohren führt, mit dem Raubzeughund der früheren Zeit, dem Pinscher gekreuzt wurde. Sie sollte zur Jagd unter der Erde – versehen mit dem nötigen Raubzeughaß – verwendet werden.« In der Chronik findet man Schilderungen von Erdhunden, auch Schlie-fer, Taxel, Dachs-Schliefer und Dachs-Würger genannt, die im Brackentyp ste-hen und zum Teil extrem krumme Beine haben. Die Behaarung war von Kurz-über Rauh- bis Langhaar. Die am häufigsten genannten Farben waren bräunlich und schwarz mit gelben Abzeichen. Die rote Farbe wurde durch Einkreuzung mit Schweißhunden bei seinen Kurzhaarteckeln im Harz von dem Förster W. van Daake gezüchtet. Alle diese Taxel entsprachen jeweils den Ansprüchen der unterschiedlichen Standorte. So legte man im Hoch- und Mittelgebirge Wert auf einen robusten, stärkeren und größeren Teckel als in den Niederwildrevieren der Ebene, wo ein zierlicherer, feinerer und kleinerer Hund gewünscht wurde.

Der schwarzrote Kurzhaarteckel, der sogenannte »Försterhund« oder auch »Kaiserdackel«, ist die Urform des Teckels. Auch die roten Kurzhaar waren recht verbreitet; vereinzelt gab es getigerte, die in der Mehrzahl von den schwarzroten Teckeln abstammten. Leider sind die Kurzhaarteckel sehr zurückgegangen, sie wurden ein Opfer des Modetrends zugunsten des Langhaars und in den letzten Jahren des Rauhhaarteckels. Vielleicht wurde in der Kurzhaarzucht zu einer be-stimmten Zeit zu viel Wert auf Formalismus gelegt und der Jagdgebrauch ver-nachlässigt. So lief der Rauhhaar dem Kurzhaar den Rang als Jagdhund ab.

Als im Jahre 1888 der Deutsche Teckelklub gegründet wurde und 1890 das erste Stammbuch erschien, wurden 386 Kurzhaarteckel, 3 Rauhhaar und 5 Langhaar registriert. Nachdem 1933 alle Klubs zusammengeschlossen wur-den, waren 1577 Kurzhaar, 2541 Rauhhaar und 1977 Langhaarteckel eingetra-gen. Nun ging die Zahl der Kurzhaarteckel ständig zurück. Eingetragen wur-den 1978 beim Deutschen Teckelklub 533 Kurzhaar, 12 669 Rauhhaar und 6617 Langhaar. Diese Zahlen mögen das Verhältnis verdeutlichen.

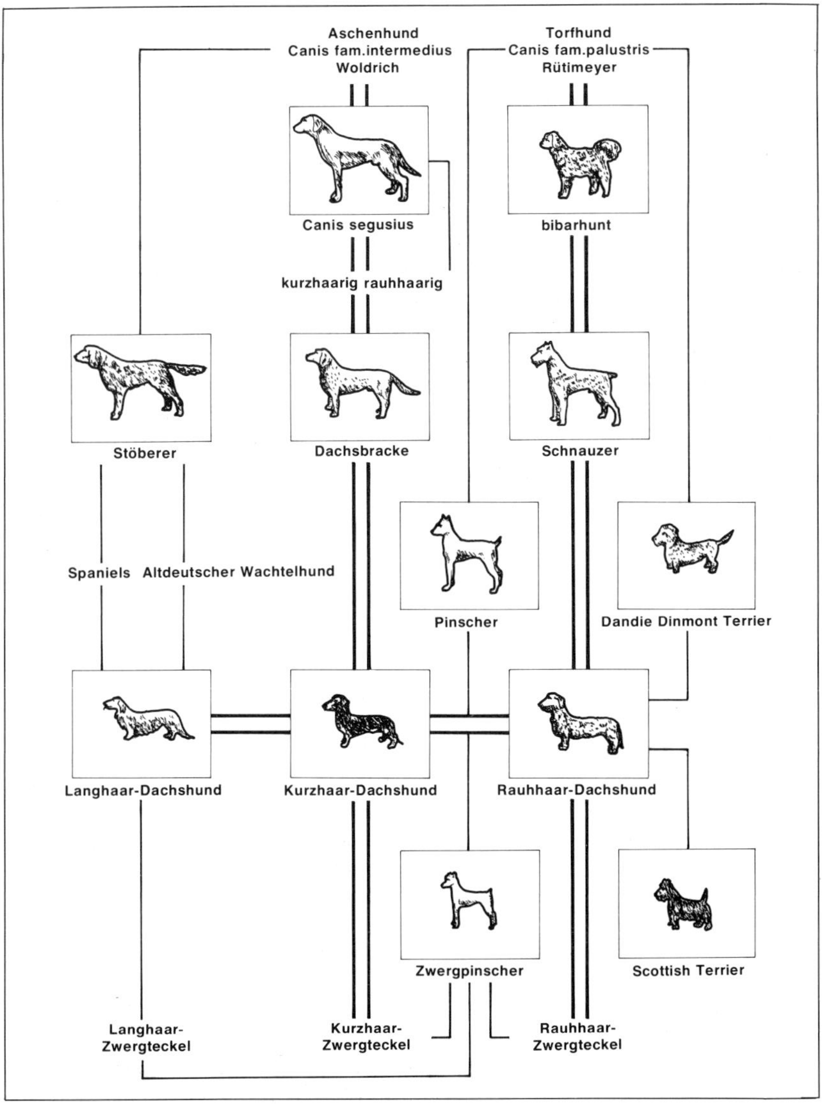

Aschenhund
Canis fam.intermedius
Woldrich

Torfhund
Canis fam.palustris
Rütimeyer

Canis segusius

bibarhunt

kurzhaarig rauhhaarig

Stöberer

Dachsbracke

Schnauzer

Spaniels Altdeutscher Wachtelhund

Pinscher

Dandie Dinmont Terrier

Langhaar-Dachshund

Kurzhaar-Dachshund

Rauhhaar-Dachshund

Zwergpinscher

Scottish Terrier

Langhaar-
Zwergteckel

Kurzhaar-
Zwergteckel

Rauhhaar-
Zwergteckel

So könnte die Dachshundfamilie entstanden sein

Der Rauhhaarteckel entstand wohl aus dem sogenannten Biberhund, einem rauhhaarigen Niederlaufhund, in den zunächst Schnauzer und später der englische kleine, sehr scharfe Dandie Dinmont Terrier eingekreuzt wurde. Häufig findet man heute noch bei den Rauhhaarteckeln einzelne Hunde, aber auch ganze Linien, bei denen das längere, vor allem aber weiche Kopfhaar der Dandie Dinmonts vorhanden ist.
Die Kopfform der Rauhhaarteckel ist eine andere als die der Kurzhaar- und Langhaarteckel. Durch die Schnauzer- und Terriereinkreuzung wirkt der Kopf rechteckig (siehe auch Farbtafel 1).
Das Haar dieser Teckelart soll nicht zu lang, aber dicht und harsch (drahtig, hart) sein. Zu dem richtigen Rauhhaar gehört ein guter, nicht zu übersehender Bart.

Der Langhaarteckel ist aus den gleichen Vorfahren wie auch der Kurzhaar gezogen. Man hat die langhaarigen Niederlaufhunde mit Spaniels und den alten deutschen Stöberhunden (Altdeutschen Wachtelhunden) gekreuzt und erhielt langhaarige, schwarzrote, passioniert stöbernde Teckel. Die ersten bekannten Langhaarteckel sind wohl die »Wöpkesche Rasse«, die im Jahre 1809 nach dem Förster August Wilhelm Leopold Wöpke benannt wurde. Etwa um 1900 erschienen rote Langhaarteckel, die häufig Kurzhaarteckel in ihren Vorfahren aufwiesen.

Zwerge und Kaninchenteckel wurden zur Bejagung von Füchsen und Kaninchen gezüchtet. Zunächst kreuzte man Teckel vom Normalschlag und ging dann zur Reinzucht mit Schwerpunkt auf Kleinheit über. Denn gerade Pinscher und kleine Terrier waren es, die diesen kleinen Teckeln die Schärfe mitgaben. Die kleinen Teckel waren also auf Schärfe gezüchtet und wurden in den Gebrauchsteckelclub aufgenommen. Heute findet man leider die Zwerg- und vor allem die Kaninchenteckel relativ wenig im Jagdgebrauch. Die Zucht dieser kleinen Hunde, besonders der Kaninchenteckel, ist recht schwierig, da die Welpenzahl gering ist, und häufig wird von Geburtsschwierigkeiten berichtet, die gelegentlich tierärztliche Hilfe notwendig werden lassen.

Wesen und Eigenschaften

Der Komiker und Individualist unter den Hunden ist unbestritten der Teckel. Wer je in das Gesicht eines fröhlichen Teckels, gleich welchen Alters, gesehen hat und seine verschmitzten Züge beobachten konnte, wird verstehen, weshalb er sich einer so großen Beliebtheit erfreut. Er ist ein intelligenter, munterer und eigenwilliger Hund, der sich sehr gut jeder Situation anzupassen weiß. So spürt er genau, wann es ratsam ist, sich ruhig in seinem Korb zu verhalten oder wann er mit ausgelassenem Spiel sich und seine Umgebung beschäftigen kann. Mit instinktiver Sicherheit wird er die schwachen Stellen seines Herren im richtigen Augenblick erkennen, um seinen Willen durchzusetzen, und eh' Herrchen es richtig gewahr wird, ist das Ziel erreicht.

Der saufarbene Rauhhaar-Rüde »Cheerio vom Trentelmoor«.

Alle diese Eigenschaften machen einen Teckel so liebenswert. Dazu kommt noch, daß er aufgrund seiner geringen Größe in der Stadt auch in kleinen Wohnungen gehalten werden kann.

Der Teckel als Hausgenosse und Familienmitglied

Seinem Wesen nach ist der Teckel kein Zwingerhund. Sicherlich wird es dann und wann notwendig sein, daß er sich für Stunden dort aufhalten muß; aber für ein Leben als Wach- und Hofhund oder Jagdhund *nur* im Zwinger ist der Teckel nicht geeignet. Engelmann bezeichnet in seinem Buch »Der Dachshund«, »den Zwinger als das Grab der Intelligenz«. Dagegen hat er sich seit eh und je im Haus und in der Familie wohlgefühlt — auch als Partner eines älteren alleinstehenden Menschen — und beweist dies durch Treue und Wachsamkeit.
Zu Kindern hat der Teckel ein besonders gutes Verhältnis und übernimmt bei kleinen Kindern gern die Beschützerrolle. Für diese ist der Teckel sogar oft das wichtigste Familienmitglied. Er ist der Partner zum Spielen, wobei er sich sehr gelehrig zeigt — man kann ihm manches Kunststück beibringen —, er ist aber auch der Freund, dem alle Erlebnisse erzählt und kleine und große Kümmernisse anvertraut werden — er hört zu. Allein die Tatsache, sich mit dem Hund in einen stillen Winkel zurückziehen zu können, tröstet sehr schnell.

Für Einzelkinder kann ein Hund ein guter Ausgleich für fehlende Geschwister sein, lernt es doch durch ihn, Rücksicht zu nehmen, zu teilen und Pflichten zu übernehmen. Man muß jedoch wissen, daß es Kinder wie Hunde gibt, die nicht miteinander auskommen. Falsche, hinterlistige, bissige Teckel werden in der Regel nicht geboren, sondern durch falsche Behandlung vom Menschen dazu gemacht. Es gibt Kinder, die gar nicht anders können, als einen Hund zu ärgern, ihn zu treten, zu schubsen, beim Schlafen zu stören oder ihm Futter und Knochen fortzunehmen. Diese Kinder dürfen sich nicht wundern, wenn sie dann von ihrem Teckel nicht geliebt werden, ja, er sogar nach ihnen schnappt. Häufig werden Hunde auch im Vorübergehen durch den Zaun geärgert. Der Hund verteidigt sein Gelände und merkt sich genau, wann wer vorbeikommt.

Wenn ein Hund vor dem Kind in der Familie war, ist es sehr wichtig, daß man ihm das Neugeborene bei der Ankunft als neues Familienmitglied zeigt und ihn auch weiterhin als volles Familienmitglied hält. Auf keinen Fall darf er zurückgesetzt oder gar aus dem häuslichen Verband ausgestoßen werden. Dadurch würde beim Hund Eifersucht entstehen, die sich später als Haß auf das Kind auswirken kann.

Kleinkind, Kind und Hund sind auch aus hygienischer Sicht kein Problem, wenn man einige Grundregeln beherzigt und die natürlichen Grenzen zwischen Mensch und Tier einhält. Man sollte wissen, wo sich der Hund aufzuhalten pflegt und was er zu sich nimmt. Regelmäßige Wurmkuren sind eine Selbstverständlichkeit. Der Hund darf nicht mit dem Spielzeug des Kleinkindes spielen, und dieses darf wiederum nicht alles in den Mund stecken. Händewaschen vor dem Essen ist nicht nur gute Sitte, sondern notwendiges Gebot.

Hunde lieben es, ausgelassen mit Kindern zu toben, und sind recht ausdauernd beim Spiel. Ziehen sie sich zurück und zeigen keine Lust mehr, dann sollten sie in Ruhe gelassen werden. Nicht selten zeigen sie ihre Unlust durch Knurren an; es ist eine Warnung, die dann auch respektiert werden muß.

Wenn ein Kind alt genug ist, sollte es Pflichten für seinen Hund übernehmen. Dazu gehören das tägliche Ausgehen, das Füttern, die Pflege, das Säubern des Lagers und das Beseitigen eines Malheurs, wenn es passiert ist. Abgesehen von dem erzieherischen Wert solcher Pflichten, stärkt es das Selbstbewußtsein eines Kindes ungemein, wenn es sagen kann:»Dieser Teckel gehört mir!« Es gibt Verbände, die Wettkämpfe eigens für Jugendliche veranstalten, die dann mit Eifer und Konzentration beim Putzen, Herrichten, Vorführen und Erledigen der gestellten Anforderungen zu beobachten sind. Kinder, die frühzeitig an die Natur und Kreatur sowie die damit verbundenen Aufgaben herangeführt werden, haben in der Regel Ziele und ausreichend Beschäftigung und stehen dem Leben verantwortungsbewußt und realistisch gegenüber.

Für den älteren, besonders den alleinstehenden Menschen ist der Teckel ein idealer Gesellschafter, der den Lebensabend abwechslungsreich werden läßt. Dieser Hund erhält jung! Er fordert auf zum Spiel, sei es mit dem Ball oder Stock, und zum Toben auf dem Boden. Es gibt keinen Teckelbesitzer, der nicht schon auf dem Teppich gelegen und ausgelassen mit seinem Hund gespielt hätte oder ihm draußen in vollem Trab nachgelaufen wäre! Er verschafft damit seinem Besitzer jenes Maß an Bewegung, das im Alter wünschenswert ist. Andererseits ist der Teckel so anpassungsfähig, daß er sich auch auf eine langsame oder bedächtige Gangart seines Herrn einstellen kann. Es sieht dann aus, als wolle er sie kopieren. Schließlich besitzt dieser Hund noch den Vorzug, Bekanntschaften mit anderen Hundebesitzern zu stiften.

Nicht zu unterschätzen ist die Wachsamkeit des Teckels. Die Tatsache, daß ein Hund anschlägt – bellt – und manches Geräusch vor dem Menschen wahrnimmt und auch zu deuten vermag, ist in heutiger Zeit von unschätzbarem Wert. Zwar kann der Teckel aufgrund seiner geringen Größe keinen unerwünschten Besucher stellen, aber Hosen zerreißen und kräftig zubeißen kann er sehr gut. Sind gar zwei oder mehrere Teckel vorhanden, die leisten dann perfektes Teamwork! So erlebte ich einmal, daß vier meiner Teckel einen Maurer ohne Hose vom Grundstück entließen.

Der Mann war entgegen meiner Anweisung in den Garten gegangen. Die vier dort anwesenden Teckel stürzten sich auf ihn, der, wenn er einen abgewehrt hatte, von den anderen drei attackiert wurde. Schallendes Gelächter der Kollegen hinter dem schützenden Zaun . . . Auch mir war in dem Moment ein energisches Zurückrufen kaum möglich. Nach relativ kurzer Zeit hing die weiße Hose in Fetzen. Der Geschädigte machte sich flugs aus dem Staube und suchte Zuflucht im schützenden Bauwagen.

In diesem Zusammmenhang sei erwähnt, daß der Teckel im Hochspringen eine Höhe von etwa 1,20 bis 1,50 m erreichen kann, um dort noch zuzufassen.

Der Teckel als Jagdhund

Der Teckel ist der kleinste und vielseitigste Jagdhund. Wie bereits erwähnt, waren seine Ahnen zunächst reine Bauhunde. Erst durch spätere Einkreuzung anderer Jagdhundrassen bekam er die typischen vielseitigen Jagdeigenschaften.

Die Jagdpassion steckt in jedem Teckel, doch wurde im Laufe der langjährigen Zuchtarbeit eine ganze Reihe von Zuchtstämmen konsequent als Jagdgebrauchshunde gezüchtet, wobei der Formwert hinsichtlich des gesamten Typs und die Haarbeschaffenheit besonders beachtet wurden. Daneben hat sich die sogenannte Schönheitszucht entwickelt. Züchter, die sich ihr widmen, sind in der Regel nicht in der Lage, ihre Hunde auch jagdlich zu führen, und bevorzugen den Besuch von Schauen und Ausstellungen. Man erlebt aber immer wieder, daß selbst Tiere aus solchen Zuchten gute jagdliche Leistungen erbringen können. Andererseits sind so manche Hunde, die von jagdlich geführten und hochprämiert geprüften Eltern abstammen, im Jagdgebrauch Versager. Kein Züchter kann in dieser Hinsicht eine Garantie geben.

Der Teckel ist bei den Jägern aus mehreren Gründen beliebt: Er besitzt eine sehr gute Nase, dazu viel Mut und Intelligenz und bei einigermaßen gutem Training große Ausdauer und ein erhebliches Maß an Anpassungsfähigkeit. Er kann ohne

Schwierigkeiten auf jeden Gang ins Revier mitgenommen werden. Besteigt man einen Hochsitz, kommt der Teckel in den Rucksack oder unter den Arm und sitzt dann stundenlang neben seinem Herrn. Dabei geschieht es nicht selten, daß er das Wild eher als der Mensch wahrnimmt. Immer wieder bestätigen Jäger diese Tatsache.

Als wichtigste Veranlagung für den Jagdgebrauch besitzt der Teckel den sogenannten Spurlaut, mit dem er das Wild auf einer warmen Spur oder Fährte verfolgt. Damit gibt er dem Jäger den sicheren Hinweis auf das Vorhandensein von Wild und die Richtung, in der es sich bewegt. Ein stumm jagender Teckel, dem diese Veranlagung fehlt, sollte deshalb nicht als Stöberhund eingesetzt werden, er ist für diese Aufgabe unbrauchbar.

Neben dem Einsatz als Stöberhund wird der Teckel zur Schweißarbeit verwendet, das heißt zum Nachsuchen angeschossenen Wildes. Hier erweist er sich dank seines ausgezeichneten Geruchssinnes und Finderwillens als unentbehrlicher Helfer für den Jäger. Von Natur aus hat er die Nase tief am Boden und ist durch seine kurzen Läufe nicht so schnell, das heißt, er kann die Wundfährte gründlicher ausarbeiten. Man sollte aber bei aller Qualität auch die Grenzen des Hundes erkennen und sie respektieren. Ein Teckel kann hervorragende Arbeit auf der Rotfährte leisten, wenn es sich um sichere Totsuchen handelt. Er ist jedoch überfordert, wenn nach reiflicher Abwägung aller Gegebenheiten eine Hetze zu erwarten ist. Ein Teckel kann wohl das Wild stellen, aber mit Ausnahme des Rehwildes ist er nicht in der Lage, noch wehrhaftes Wild zu halten oder herunterzuziehen. Hier kann — wie vielfach bewiesen — die Zusammenarbeit mit einem großen Hund sehr sinnvoll sein. Manche Jäger setzen deshalb — bei entsprechenden Revierverhältnissen und den sich daraus ergebenden Arbeitsmöglichkeiten für Hunde — ein Gespann aus einem großen Vorstehhund und einem Teckel ein. Sind diese Tiere aufeinander eingespielt, ergänzen sie sich in der Praxis vorzüglich.
Eine Nachsuche ist für einen Hund immer anstrengend; häufig, fast immer, geht sie durch unwegsames Gelände, und die Konzentration auf die Wundwitterung, die sehr oft aus Gesundfährten herauszufinden ist, erfordert den ganzen Einsatz.

Für die Bauarbeit, das heißt die Jagd auf Dachs und Fuchs, eignen sich von allen Hunderassen allein der Jagdterrier und der Teckel.
Bei der Arbeit im Bau sind es vor allem Mut und Kraft, die dem Hund abverlangt werden. Er ist dort ganz allein auf sich gestellt, muß sich das Raubwild durch enge und zum Teil steile Röhren suchen, es verbellen und durch Geschick und Schärfe heraustreiben. Gelingt ihm dies nicht, so sollte er dem Raubwild fest

»vorliegen«, es festhalten, bis der Jäger den Einschlag gemacht, das heißt sich bis zum Hund durchgegraben hat, um auf diese Weise das Wild zur Strecke zu bringen. Oft kommt es im Bau zu harten Kämpfen mit Verletzungen.

Unter der Erde setzt der Teckel seine Vorderläufe auch als Grabwerkzeuge ein. Es gibt Steilstellen im Röhrensystem des Baues, die er hinauf- oder hinabspringen oder klettern können muß. Manchmal dauert eine Bauarbeit über Stunden oder auch den ganzen Tag. Aus diesem Grunde sollten für diese Aufgabe nur gut durchtrainierte und eingearbeitete Hunde verwendet werden.

Zwerg- und Kaninchenteckel finden darüber hinaus Verwendung bei der Kaninchenjagd. Diese sehr kleinen Hunde schliefen (kriechen) in die Kaninchenbaue und bringen das Kleinwild zum Verlassen seiner Behausung.

Die verschiedenen Größen

Wir unterscheiden den Teckel bei allen Haararten in drei Größen:
1. Den Normalschlag (Standardtyp),
2. den Zwergenschlag,
3. den Kaninchenschlag.

Die Normalgrößen sollen ein Gewicht von 5—9 kg haben, der Brustumfang beträgt mehr als 35 cm.

Der Zwergteckel hat ein Gewicht von 3—4 kg und einen Brustumfang von 30—35 cm. Die Messung wird ab dem 15. Lebensmonat vorgenommen, da der Hund in diesem Alter als ausgewachsen gilt. Erst dann wird die Bezeichnung »Zw« (= Zwerg) vom Stammbuchamt in die Ahnentafel eingetragen. Der Zwergteckel soll nicht nur kleiner und leichter als der Standardtyp sein, er soll im Gesamteindruck den Zwergentyp verkörpern.

Der Kaninchenteckel ist der kleinste aller Teckel mit einem Gewicht bis zu 3 kg und einem Brustumfang bis zu 30 cm. Auch hier gilt die gleiche Regelung wie bei den Zwergteckeln: Ab dem 15. Monat kann das Zeichen »Kt« (= Kaninchenteckel) eingetragen werden. Das Gesamterscheinungsbild sollte den Typ des Kaninchenteckels verkörpern.

Farbtafel 1: Schöner Rauhhaarkopf

Die verschiedenen Haararten und Varietäten

Wir unterscheiden Teckel in drei Haararten und jede von ihnen in drei verschiedenen Größen, die in ihrer Gruppe jeweils einen bestimmten Typ verkörpern.

Der Kurzhaarteckel ist ein edler Hund mit kurzem, dichtem, am ganzen Körper anliegendem Haar. Als am häufigsten auftretende Haarfarbe ist ein Rot bei dunkler Nase, dunklen Krallen und Augen zu nennen. Dieses Rot variiert von einem dunklen, sogenannten Hirschrot, bis zu sehr hellem, fast gelblichem Rot; darüber hinaus findet man es auf dem Rücken mit schwarzen Haaren durchsetzt, der sogenannten Stichelung (siehe auch Farbtafel 2 oben).

Kurzhaarteckel-Rüde schwarzrot. »Cadett von Schlendrian.«

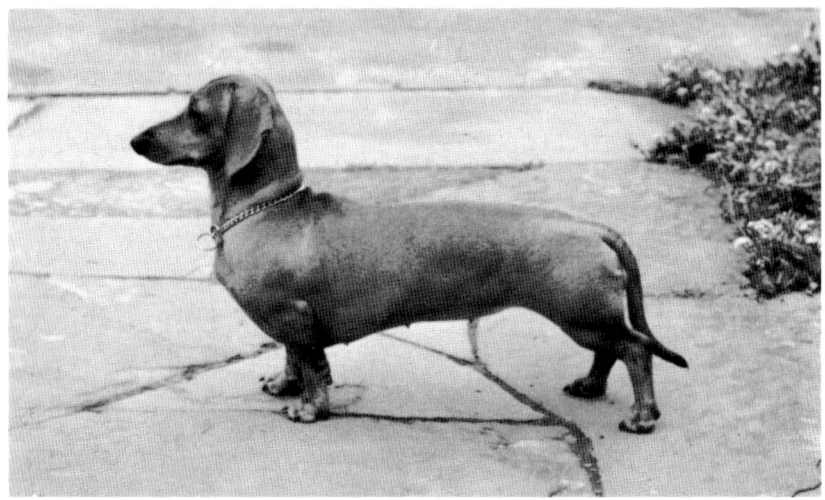

Kurzhaarteckel-Hündin rot.»Assi Hildesia.«

Rauhhaarteckel-Rüde saufarben.»Fokko aus der Messestadt.«

Als zweite Hauptfarbe kommt ein Schwarzrot vor. Die schwarzroten Teckel sind tiefschwarz mit rotbraunen Flecken über den Augen, an der Brust vorne und unter dem Fang bis hin zum Ohr. Die Pfoten sind rotbraun und ebenfalls die Läufe bis zu halber Höhe, wobei auf den Zehen schwarze Flecken sein sollen. Dieselbe Färbung soll auch die Unterseite der Rute vom Rutenansatz her zur Hälfte aufweisen. Hat ein schwarzroter Teckel zu viel und zu hellen Brand – so werden die roten Flecken genannt –, wirkt er meistens unedel. Ist der Hund fast oder ganz schwarz, der Brand mit schwarzen Haaren durchzogen, so bezeichnet man diesen als »verrußt«. Fehlen gar die Flecken über den Augen, wirkt der Hund ausdruckslos, denn diese Flecken sind das »Tüpfchen auf dem i«.

Nicht selten kommt der Kurzhaarteckel mit schokoladenbrauner Haarfarbe und gelbem Brand vor, der sich wie bei den schwarzroten verteilt. Diese Hunde haben bräunlichrote Nasen und Krallen; häufig ist das Auge auch heller.

Ferner gibt es bei allen Haararten die getigerten Teckel, deren Grundfarbe rot, schwarz oder braun ist und die mit grauen bis weißen Flecken am Körper überzogen sind. Bei diesen Hunden sollen die Augen dunkel sein, sogenannte (hellblaue) Glasaugen sind hier jedoch zulässig.

Selten sind die gestromten Teckel, deren Grundfarbe rot oder braun ist. Der ganze Körper ist bei ihnen mit dunkleren oder schwarzen Streifen unregelmäßig überzogen. Weiße Brustflecken kommen gelegentlich vor; sind sie klein, so fallen sie nicht auf oder verschwinden beim ausgewachsenen Hund. Ist der Fleck aber deutlich sichtbar, ist er – wie auch an Pfoten und der Rutenspitze – unerwünscht.

Bei den *Rauhhaarteckeln* findet man am häufigsten die saufarbenen; ihr Haar variiert von hell, fast silberfarben, bis dunkel mit einer Andeutung von Brand. Die zweite Hauptfarbe ist das Schwarzrot, wie schon bei den Kurzhaarteckeln beschrieben. Auch getigerte Rauhhaar sind vereinzelt zu finden. Schließlich kommen sie noch dürrlaubfarben, das heißt hellbraun bis weizenfarbig, vor. Auch bei dieser Haarart treten immer wieder Tiere mit braunem Fell auf.

Die Behaarung beim Rauhhaar sollte mit Ausnahme von Bart und Augenbrauen anliegend sein. Das Haarkleid, auch Jacke genannt, ist harsch, länger als das Kurzhaar und weist eine dichte Unterwolle auf. Zu langes, weiches und struppiges Haar ist fehlerhaft, wie auch ein zu kurzes Haar unerwünscht ist. Der Bart, die Augenbrauen und die Pfoten sollten längeres, harsches Haar haben.

Die *Langhaarteckel* sind in der Mehrzahl rein rot. Das Rot kann von kräftigem Dunkelrot – Hirschrot – bis zu sehr hellem Rot auftreten. Häufig ist auch das Rot mit Deckhaar anzutreffen, das heißt, auf dem Rücken bis hin zur Rutenspitze kann der Hund dunkle bis schwarze Haare haben. Die zweite Hauptfarbe der Langhaar ist das Schwarzrot, wie bei den anderen Haararten beschrieben. Ebenso findet man getigerte Langhaarteckel, mit deren Zucht sich einzelne Züchter befassen.

Im Gegensatz zu dem Rauhhaar hat der Langhaarteckel ein seidenweiches, langes Haar. Unter dem Hals, an der ganzen Unterseite des Körpers, an den Behängen, den Hinterseiten der Läufe und der Unterseite der Rute ist es verlängert. Eine besondere Länge weist das Haar an der Rute auf, es wird als Fahne bezeichnet. Das Haar soll glänzen; stumpfes, struppiges Haarkleid ist nicht nur ungepflegt, sondern auch fehlerhaft. Das Fehlen der Fahne an der Rute, eine Scheitelbildung auf dem Rücken oder eine zu lange Behaarung sind unerwünscht. Der Langhaarteckel erfordert von allen Teckeln die sorgfältigste und aufwendigste Haarpflege (siehe auch Farbtafel 2 unten).

Langhaarteckel

Überlegungen zum Kauf

Den Wunsch, einen Hund zu besitzen, sollte man sich nicht impulsiv erfüllen, sondern zunächst kritisch bedenken, ob man sich überhaupt zum Hundehalter eignet und alle übrigen Voraussetzungen der Tierhaltung erfüllt werden können. Ein Hund ist ein Lebewesen und hat somit ein Recht auf Fürsorge. Man übernimmt mit der Anschaffung eines solchen Wesens eine Verpflichtung, die nicht nur ständig Freude, sondern auch manchmal Unbequemlichkeiten und Sorgen mit sich bringt, zum Beispiel im Junghundalter und bei Krankheit des Tieres, weil der Hund dann nicht allein gelassen werden sollte. Man prüfe also, ob man überhaupt so viel Einfühlungsvermögen und Disziplin besitzt, um dem Tier gerecht werden zu können. Ein Hund braucht in gleichem Maße Verständnis, wie er es dem Menschen entgegenzubringen bereit ist. Unerzogene Hunde und Hunde mit »Unarten« werden nicht geboren, sie werden vom Menschen zu solchen gemacht durch mangelnde Fürsorge und falsche Behandlung. Manchmal kann man sogar feststellen, daß der Hund Züge und Allüren seines Herrn annimmt. Eines sollte deshalb nie vergessen werden: Der Hund muß immer Hund bleiben und als solcher auch geachtet, verstanden und behandelt werden.

Vor dem Kauf sollte man sich auch bewußt machen, wieviel Kosten die Hundehaltung verursacht. Es entsteht eine laufende finanzielle Belastung für Futter, Tierarzt und Medikamente, Steuer und Haftpflichtversicherung.

Als weiteres Problem kommt hinzu, ob man den Hund angemessen unterbringen kann, wenn es einmal nicht möglich ist, ihn auf die Reise mitzunehmen. Hat man Verwandte oder Bekannte, die in dieser Zeit bereit wären, ihn in Pflege zu nehmen? Es gibt eine ganze Reihe von Hundepensionen, bei denen man sich jedoch vorher sehr sorgfältig umsehen und nach den Preisen erkundigen sollte. Ein Mitnehmen des Hundes ist zunächst immer anzuraten; aber nicht in allen Hotels und Pensionen sind Hunde willkommen, und wenn doch, werden häufig Aufpreise ohne Gegenleistung erhoben.

Wofür oder für wen ist der Hund bestimmt: für die Jagd oder als Hausgenosse für die ganze Familie oder für den alleinstehenden älteren Menschen? Gerade dieser sollte bei der Anschaffung daran denken, daß der Teckel bei guter Pflege ein Alter von ca. 12 Jahren und mehr erreichen kann, daß er aber auch im Alter seinen gewohnten Auslauf haben muß und daß bei einem möglichen Wohnungswechsel, z. B. in ein Altenheim, keine Tiere mitgenommen werden dürfen. Wo-

Rauhhaarzwergteckel

hin dann mit dem Hund, der in der Regel schon recht verwöhnt und häufig auch betagt ist?

Soll der Teckel in eine Familie aufgenommen werden, ist zu bedenken, daß er täglich ausreichend Auslauf braucht, bei dem ihm genügend Bewegung zu verschaffen ist; er muß richtig laufen dürfen. Beim nur »Gassi-Gehen« und vielleicht einer Ausfahrt am Sonntag mit dem Auto in den Wald verkümmert der Hund. Besitzer einer Stadtwohnung sollten deshalb einkalkulieren, daß das tägliche, ausgiebige Spazierengehen ein gewisses Maß an Zeit erfordert.

Wird der Teckel für den Jagdgebrauch gekauft, so sollte man wissen, daß er für die kalte Jahreszeit, die Jagdzeit, wohl abgehärtet sein muß, aber deswegen nicht in den Zwinger gehört. Ein Jagdhund kann nur gute Arbeit leisten, wenn er mit seinem Herrn ständigen Kontakt hat, das heißt zur Familie gehört. Mit der Anschaffung muß die ganze Familie, die ihn aufnehmen soll, einverstanden sein.

Roter Langhaar-Kopf,
»Chignetta of Wiesenburg«.

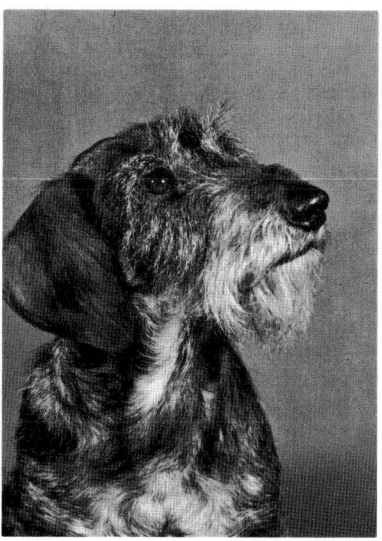

Der saufarbene Rauhhaar-Rüde
»Cajus vom Dannenkamp« mit
gewünschtem Bart.

Wo – wann – wie kauft man einen Teckel?

Jeder Kauf – ganz gleich, was man erwirbt – ist Vertrauenssache. Dies gilt um so mehr hier, als es sich um den Kauf eines lebenden Tieres handelt. Somit schließt sich der Kauf eines Hundes unbekannter Herkunft von vornherein aus. Dringend ist davon abzuraten, sich auf ein zweifelhaftes Geschäft einzulassen! Jeder Käufer wird davon ausgehen, daß er einen gesunden Hund erwirbt, was jedoch oft nicht der Fall ist. Nach der Adresse eines seriösen Züchters erkundigt man sich bei den zuständigen Zuchtverbänden. Man achte darauf, daß diese dem Verband für das Deutsche Hundewesen (VDH) und somit auch der internationalen Dachorganisation Fédération Cynologique Internationale (FCI) angeschlossen sind. Für Teckel ist der »Deutsche Teckelklub e. V. 1888« (DTK) mit Sitz in Duisburg zuständig.

Häufig erfährt man auch Anschriften von Züchtern durch andere Hundehalter, Jäger, Tierärzte; auch Tierschutzvereine können Auskunft erteilen.

Besuch beim Züchter

Zum Erwerb eines Teckels setzt man sich mit einem gewissenhaften Züchter, der einem empfohlen worden ist, in Verbindung, vereinbart einen Termin und sieht sich am Ort seine Zuchthündin, eventuell auch den Zuchtrüden – falls er dort steht – an. Dabei wird sich herausstellen, ob er den gewünschten Welpen anzubieten hat. Zugleich wird man einen Einblick in die Haltung der Hunde und Welpen gewinnen.

Man höre sich während eines solchen Besuches nicht nur das Loblied von den Leistungen und Erfolgen der Elterntiere an, sondern lasse sich auch die Ahnentafeln der Eltern mit den auf der Rückseite befindlichen Eintragungen zeigen. Jeder Welpe erhält bei seiner Eintragung im Alter von etwa 8–9 Wochen eine Nummer in den Behang (Ohr) tätowiert, die auf der Ahnentafel und ebenfalls in seinem Impfpaß erscheint. Diese Tätonummer ist ein Identitätsnachweis und hat schon manchem entlaufenen oder gestohlenen Teckel geholfen, wieder zu seinem rechtmäßigen Besitzer zurückzufinden.

Eine Selbstverständlichkeit sollte sein, daß die Welpen mindestens dreimal entwurmt wurden und frei von Ektoparasiten sind, das heißt, ein Welpe hat floh- und milbenfrei zu sein.

Als Leitsatz gilt für den Käufer: Man wähle nicht aus Mitleid einen jungen, in der Entwicklung zurückgebliebenen Hund, sondern einen gesunden, fröhlichen und kräftigen, um später nicht immer wieder im Warteraum des Tierarztes herumsitzen zu müssen.

Welchen Welpen sollte man sich aussuchen, was ist zu beachten?

In dieser Frage sollte man sich zwar vom Züchter beraten, aber nicht beschwatzen lassen. Einen Welpen zu beurteilen ist vor dem Alter von etwa 5 bis 6 Wochen für einen Unerfahrenen kaum möglich. Selbst der Züchter, der die Kleinen recht gut beobachten kann – sieht er sie doch täglich Fortschritte machen –, wird erst ab frühestens 6 Wochen erkennen, wie sie im Wesen und in der Form zu werden versprechen, wobei die Welpen bis zur 12. Woche eine sehr entscheidende Entwicklungsphase durchmachen, die sogenannte »Prägungsphase«. In dieser Zeit wird sich der Züchter mit den jungen Tieren viel beschäftigen; es ist die wichtigste Zeit während der Aufzucht. Die Welpen müssen dann soviel wie möglich Kontakt zu Menschen und ihrer Umgebung haben, um Selbstbewußtsein, Tapferkeit und Intelligenz entwickeln zu können (siehe auch Farbtafel 3).

Während der Zeit der Aufzucht sollte man möglichst mit dem Züchter in Kontakt bleiben und sich die Welpen öfter ansehen, vielleicht sich schon beim ersten Besuch mit Hilfe des Züchters einen aussuchen. Doch endgültig entscheiden kann man erst in der zweiten Phase der Aufzucht. Es kommt darauf an, wofür man den Hund haben möchte. Wird er in der Jagd Verwendung finden, so sollte der kräftige, freche Welpe den Vorrang bekommen. Ist der Hund als Hausgenosse vorgesehen, sollte man ruhig den anschmiegsameren Typ bevorzugen. Beim Aussuchen von Welpen lasse man sich also Zeit und beobachte sie genau. In der Regel sind sie alle hübsch, doch bei längerer Betrachtung stellt man Unterschiede fest. Sind sie zutraulich, frech-fröhlich und ohne Scheu und Angst auch bei Lautäußerungen, z. B. Husten oder In-die-Händeklatschen? Diese Frage läßt sich nur sicher beurteilen, wenn man als Besucher bei einem Züchter seinerseits auf ein vernünftiges, ruhiges Auftreten achtet; es sollte eine Selbstverständlichkeit sein, daß man nicht lärmend mit einer vielköpfigen Gesellschaft dort ankommt. Ebenfalls sind ruckartige Bewegungen zu vermeiden, sie könnten die Mutter der Welpen zu nicht eingeplanter Reaktion veranlassen! Eventuell mitgebrachte Kinder sind an der Hand zu halten. Sie dürfen nicht bei den Welpen herumtoben und -trampeln, sondern haben sich sehr behutsam zu bewegen: die Welpen sind blitzschnell unter einem Fuß, deshalb Füße nur voranschieben!

Neben den individuellen Eigenschaften ist die Ausgeglichenheit innerhalb des Wurfes zu beachten. Die Welpen sollten, von geringen Abweichungen abgesehen, in einem Wurf gleich groß sein. Sie müssen rund und mollig sein, ohne jedoch überfüttert und zu pummelig zu erscheinen, so daß sie schon im frühen Stadium durch mangelnde Bewegung und Überlastigkeit des Körpers Deformationen am Rücken und an den Beinen aufweisen. Trotz ihres Welpenspecks sollten sie kernig und drahtig sein.

Schließlich ist das Gebäude (der Körperbau) des Welpen zu bewerten, von dem man im Alter von etwa 8 Wochen sagen kann, ob es korrekt ist. Wie ein Teckel sich später weiterentwickelt, kann mit Bestimmtheit kein Mensch voraussagen, spielen doch dabei eine ganze Reihe von Faktoren eine wichtige Rolle.

Ein Blick in das Gebiß sollte nicht vergessen werden. Grobe Gebißfehler, wie Über- oder Unterbeißer, sind schon jetzt feststellbar. Rutenfehler, das heißt fehlerhaftes Tragen der Rute oder eine Verdickung wie auch ein Knick an den Rutenwirbeln, sind nicht nur zuchtausschließende Merkmale, sondern auch grobe Mängel, die einen geringeren Preis für den Welpen bewirken.

Nabelbrüche bei Welpen sind nicht selten, man sollte darauf achten. Es handelt sich, wie die Bezeichnung sagt, um Verdickungen am Nabel, die, wenn sie stärker sind, zu Schmerzen und Entzündungen führen können. Stärkere Nabelbrüche müssen operativ entfernt werden. Entweder läßt der Züchter diesen Eingriff vornehmen, oder der neue Besitzer läßt es etwas später, mit etwa 12 Wochen, machen. Ein Preisnachlaß für diesen Eingriff ist üblich.

Bei Rüden sind im Alter von 8 Wochen die Hoden noch nicht mit Sicherheit zu fühlen, mit etwa 12 Wochen jedoch sollten sie sicht- und fühlbar sein. Rüden mit sogenannten Hodenfehlern sind nicht nur für die Zucht ausgeschlossen, sie sind fehlerhaft und somit nicht für einen normalen Welpenpreis zu veräußern.

Wählt man sich einen Welpen aus, so hat man vorher meist einen bestimmten Wunsch hinsichtlich Farbe und Behaarung gefaßt. Die Hauptfarben sind rot, schwarzrot und saufarben, die Haararten kurzhaar, rauhhaar und langhaar. Nicht selten gibt es Abweichungen, und man findet gerade einen solchen Welpen hübsch, oder er fällt durch sein nettes Wesen besonders auf. Weshalb sollte man nicht einen Abweichler nehmen? Er muß eben gefallen.

Vier saufarbene Rauhhaarwelpen, »vom Bilmer Strauch«.

Langhaarwelpen

Brauner Rauhhaarwelpe

Bei den einzelnen Haararten ist bezüglich der Behaarung im Welpenstadium folgendes zu beachten:

Kurzhaarteckel sollten am ganzen Körper dicht mit kurzem, anliegendem Haar – auch an Hals und Brust – versehen sein.

Rauhhaarteckel im Alter von 8 Wochen auf ihre Haarqualität zu beurteilen, ist nicht ganz einfach. Die sehr wuscheligen, mit längerem Haar ausgerüsteten Welpen finden häufig als erste ihren Liebhaber, weil sie so niedlich aussehen. Sie behalten aber in der Regel ein recht weiches, zu langes Haar. Die Mehrzahl der Rauhhaarwelpen hat anliegendes, harsches Haar. Am Schnäuzchen ist der Ansatz eines Bartes sichtbar, ebenso an den Beinen eine deutlich längere Behaarung. Hinsichtlich der Farbe sei gesagt, daß die Rauhhaarwelpen im Achtwochenalter eine dunklere oder hellere Farbe aufweisen können, als die endgültige Färbung einmal sein wird.

Bei den Langhaarwelpen findet man am häufigsten die rote Farbe; hier sind in der Regel die Welpen heller, als sie später aussehen werden. Nicht selten weisen sie einen breiten, dunklen Aalstrich auf dem Rücken auf. Je nach Intensität der Dunkel-Schwarzfärbung kann der Hund später eine Haarfarbe bekommen, die man als »rot mit Deckhaar« bezeichnet. Die reinroten Langhaarteckel sind den vorgenannten vorzuziehen.

Die Behaarung der Langhaarwelpen ist dicht und wollig. Eine Fahnenbildung an der Rute und den Läufen ist in diesem Alter noch nicht erkennbar. Bei dem Langhaarjunghund kann es bis zu einem dreiviertel Jahr dauern, bis er sein vollständiges Haarkleid gebildet hat.

Rüde oder Hündin?

Die Frage, ob man einen Rüden oder eine Hündin haben möchte, sollte gut überlegt werden. Die Ansicht, eine Hündin sei anhänglicher als ein Rüde, trifft in der Regel nicht zu. Es kommt wohl sehr darauf an, wie man seinen Hund hält und ob er eine wirklich enge Beziehung durch guten Kontakt zu seinem Besitzer hat. Ist diese Bindung gegeben, sind Rüde wie Hündin gleichermaßen anhänglich. Der Rüde ist jederzeit einsatzbereit, zum Beispiel bei der Jagd; die Hündin fällt in der Regel zweimal im Jahr für etwa 3 Wochen durch ihre Hitze aus. Viele Interessenten scheuen sich beim Kauf vor dieser lästigen Zeit, während der man die Hündin festsetzen oder sie unter ständiger, strenger Kontrolle haben muß, um nicht unverhofft Besitzer einer ganzen Meute zu werden.

Ist schon ein Hund vorhanden, so ist ein gleichgeschlechtlicher dazu zu empfehlen. Rüden wie auch Hündinnen vertragen sich in den meisten Fällen untereinander sehr gut, sie sollten von klein auf zusammensein und auch -bleiben. Hat man noch keine feste Wahl getroffen, so sind auch in der Nachbarschaft vorhandene Hunde zu berücksichtigen. Sind dort zum Beispiel nur oder überwiegend Rüden, ist ebenfalls zu einem Rüden zu raten. Wählt man trotzdem eine Hündin, muß man alle 6 Monate mit einer nachbarschaftlichen Hundeversammlung vor der eigenen Haustür rechnen. Nicht selten führt dies nicht nur zur Verstimmung zwischen den Vierbeinern, sondern auch die Zweibeiner grollen miteinander. Nach all diesen Erwägungen wähle man nun einen Rüden oder eine Hündin, die einem gut gefällt.

Der Kauf

Sind die Würfel gefallen, ist der Welpe ausgesucht, vollzieht sich der recht-
mäßige Kauf. In der Regel hat man sich beim ersten Gespräch mit dem Züchter
über den Preis unterhalten. Grundsätzlich sei gesagt, daß sich der Preis auf dem
Boden der Realität bewegen sollte. Um hierüber eine Vorstellung zu bekommen,
kann man sich bei Zuchtverbänden informieren. Gegebenenfalls wird man bei
überhöhter Preisforderung vom Kauf Abstand nehmen, es gibt Welpen genug.
Nicht selten hört man von Preisforderungen, die ins Utopische steigen; so viele
Siegertitel und Hunde können sich gar nicht in einem Welpen vereinigen, um
einen derartigen Preis zu rechtfertigen! Andererseits gibt es immer wieder Interessenten, die jeden Preis zahlen.

Das Gegenteil von überhöhter Preisforderung ist ein zu geringer Preis. Die Welpen müssen abgegeben werden, aus welchen Gründen auch immer, und end-
lich kommt ein Interessent. Er möchte einen Welpen haben, beginnt aber um den
Preis zu handeln, und der Züchter gibt nach. Hier sollte eine absolute Grenze
nicht unterschritten werden. Wer nicht bereit ist, einen reellen Preis für seinen
Hund zu bezahlen, der spart auch weiterhin an ihm, zum Beispiel an Entwur-
mungen, Impfungen, Futter und Unterbringung und kann sich ebenso schnell
wieder von ihm trennen.

Der richtige Zeitpunkt der Welpenabgabe ist im Alter von 8–10 Wochen. Zuvor
sind sie, wie bereits erwähnt, geimpft und eingetragen worden. Eine zwei- bis
dreimalige Entwurmung ist im Laufe der Aufzucht durchzuführen, denn nicht
selten sind Welpen von Spulwürmern befallen. Bei rechtzeitig durchgeführter
Entwurmung ist aber dieses Übel, bevor es sich ausbreitet, beseitigt. Welpen,
die mit 8–10 Wochen noch stark verwurmt sind, sind unsauber und ohne Sorg-
falt aufgezogen worden. In der Regel sind solche Tiere auch noch von Flöhen
und Milben befallen.

Die SHL-Impfung gegen Staupe, Hepatitis und Leptospirose hat im Alter von
8 Wochen zu erfolgen. Erst danach werden die Welpen vom Zuchtwart, der von
dem zuständigen Verband bestimmt ist, eingetragen. Die Prüfung, die er dabei
vornimmt, bezieht sich auf etwaige Fehler der Welpen, ihren allgemeinen Zustand, ebenso den Zustand des Muttertieres und seine Unterbringung. Die Aus-
fertigung der Ahnentafel (des Stammbaumes) ist von besonderer Bedeutung,
denn erst mit dem Nachweis von drei Generationen väterlicher- und mütter-
licherseits gilt ein Teckel als reinrassig – sowohl für den Züchter als auch den
Juristen. Jeder Welpe bekommt eine Nummer in das rechte Ohr tätowiert. Aus

dieser Nummer kann man das Bundesland, die Ortsgruppe, den Züchter und die Welpennummer erlesen. Die gleiche Nummer wird in den Impfpaß gedrückt, da dieser bei eventuellen Auslandsreisen als Identitätsnachweis gilt. Zöllner sind gehalten, die Nummern bei der Einreise in die Bundesrepublik zu kontrollieren. Die Tätonummer steht auch auf der Ahnentafel.

Die Eintragungsformulare werden vom Zuchtwart an die zuständige Geschäftsstelle des Zuchtverbandes geschickt, die nach Überprüfung aller Angaben die Ahnentafeln ausstellt und diese an den Züchter schickt. So kann es vorkommen, daß bei der Übergabe der Welpen an den neuen Besitzer die Ahnentafel noch nicht vorliegt. Der Züchter wird sie unterschrieben nachreichen, nachdem er den neuen Besitzer eingetragen hat. Wichtig ist nur, daß der Welpe bei der Übergabe seine Tätonummer und seinen Impfpaß hat.

Steuern: Nach dem Erwerb eines Hundes muß der Besitzer seinen Hund spätestens nach drei Monaten beim Ordnungsamt der zuständigen Gemeinde anmelden, da eine Hundesteuerpflicht besteht.

Haftpflichtversicherung: Eine Haftpflichtversicherung wird gesetzlich nicht gefordert.
Es ist jedem Hundebesitzer selbst überlassen, ob er eine Haftpflichtversicherung für notwendig hält. Ich würde jedem Hundebesitzer zu einer Versicherung raten, denn schnell ist eine Hose zerrissen. Nicht übersehen lassen sich Schäden, die zum Beispiel bei Verkehrsunfällen, die durch Teckel verursacht wurden, entstehen können. Bei einem Jäger sind bis zu zwei Hunde, die ihre jagdliche Brauchbarkeit auf Prüfungen nachgewiesen haben, über den Jagdschein haftpflichtversichert.

Einzug des Welpen ins neue Heim

Die Wahl ist getroffen, der Tag rückt näher, da der Welpe seinen Einzug halten soll. Was ist zu bedenken, und welche Vorbereitungen muß der künftige Besitzer eines Teckelwelpen treffen?
In den ersten Tagen muß man viel Zeit für den kleinen Hund einplanen, da die Trennung von der Mutter und den Geschwistern aus der gewohnten Umgebung in eine neue Welt mit einer oder mehreren fremden Bezugspersonen und in den meisten Fällen ohne Artgenossen ein großer Lebenseinschnitt ist. Die Umstellung kann dem Welpen erleichtert werden, indem man ihn zunächst möglichst gar nicht oder nur ganz kurz alleine läßt, ihm somit das Gefühl der Geborgenheit gibt. Der Hund fühlt sich dann nach kurzer Zeit schon ganz zu Hause und hat sich seinem neuen Besitzer angeschlossen.

So werden Welpen gehalten, »Kumpan von der Wassermühle«.

Farbtafel 2: Zwei schwarzrote Kurzhaar-Rüden »Banjo und Bosko« vom Wiesenberg (oben). Langhaarteckel-Rüde rot »Arno vom Springberg« (unten).

Ausstattung des Hundeplatzes

Für den Welpen müssen einige Anschaffungen und Vorbereitungen getroffen werden. Zunächst ist für seinen Platz zu sorgen. Ein Hund sollte einen Korb bekommen, der an einem für ihn vorgesehenen Platz steht und den er als sein eigenes Reich betrachten wird. Da junge Hunde noch sehr gerne knabbern, empfiehlt es sich, dem Welpen für die erste Zeit nicht gleich einen neuen, teuren Korb zu geben und ihn sehr bald ein Opfer seiner Zähne werden zu lassen, sondern mit einer Apfelsinenkiste zu beginnen. An dieser kann der junge Hund, besonders an den Eckhölzern, nach Herzenslust knabbern. Ist er aus dem Knabberalter heraus, kann er seinen ihm zugedachten Korb erhalten. In der Regel sind die Hunde dann auch der Kiste entwachsen.

Da alle Hunde gerne in einer »Höhle« schlafen, kann die besagte Kiste für die erste Zeit in einen etwas größeren Karton geschoben werden. Zum ersten fühlt sich der Welpe darin geborgen und warm, zum zweiten kann in der Nacht die

Kurzhaarwelpen in einer einfachen Holzkiste, deren Ecken gerne beknabbert werden können.

Öffnung des Kartons zur Wand gestellt oder geschlossen werden. Der Hund kann dann nicht nachts auf Wanderschaft gehen und Pfützen oder Häufchen verteilen. Da die meisten Hunde ihr eigenes Lager nicht beschmutzen, hat man sehr bald nachts einen sauberen Hund. Allerdings muß man in der ersten Zeit morgens früh aufstehen und den Hund nach draußen bringen; er wird dann sofort sein Geschäft erledigen.

In die Kiste oder den Korb legt man eine alte Decke oder ein Kissen, auf alle Fälle eine weiche und warme Unterlage, die sich leicht reinigen läßt. Der Hundeplatz muß an einer Stelle im Haus sein, die trocken, warm und vor allem zugfrei ist. Ein Hund kann eher Kälte als Zugluft vertragen.

Ist für den Teckel eine Zwingerhaltung vorgesehen, so achte man unbedingt auf eine saubere, ausreichende Stroheinlage in der Hütte. Da sich besonders im Sommer in Hütten mit Stroheinstreu Ungeziefer, wie Flöhe und Milben, einfindet, ist dort auf absolute Sauberkeit zu achten und das Stroh mindestens alle 14 Tage zu wechseln. Gegen das Ungeziefer muß vorbeugend etwas getan werden, es gibt eine Reihe guter Desinfektions- und Bekämpfungsmittel auf dem Markt. Ein Teckel ist jedoch kein Zwinger/Hüttenhund! Wie bereits gesagt, gehört er ins Haus mit Familienanschluß!

Der Welpe braucht weiter zu seinem Einzug zwei Näpfchen, eines für sein tägliches Futter und das zweite für Wasser. Im Handel sind Hundenäpfe in verschiedenen Ausführungen aus Kunststoff und Metall zu bekommen. Eine kleine Kunststoffschüssel tut es auch. Sie sollte auf jeden Fall fest am Boden stehen, einen nicht zu breiten Rand haben und leicht zu säubern sein; denn ein Hund liebt es, genau wie wir, aus einem sauberen Napf seine Nahrung zu sich zu nehmen.

Halsung und Leine

Zur weiteren Ausstattung des Hundes gehören eine Lederhalsung (Lederhalsband) und eine Leine. Auf keinen Fall gehört ein Teckel in ein Geschirr; dieses zu tragen ist anderen Hunderassen vorbehalten. Beim Teckel führt es zur Deformation der Vorderhand. Das Halsband darf nicht zu klein gekauft werden, zu schnell sind die Hunde herausgewachsen; lieber lasse man ein zusätzliches Loch stanzen. Für Teckel des Normalschlages passen die Größen Nr. 30, 35 und 40. Als Leinen haben sich einfache, glatte Lederriemen am besten bewährt. Muß man seinen Hund allerdings häufiger anbinden, zum Beispiel bei Einkäufen vor Lebensmittelgeschäften, ist eine Kettenleine mit Lederschlaufe, die aufschnallbar

Rauhhaarteckelwelpe mit Geschirr. Solche Geschirre muß man für Teckel ablehnen.

Kurzhaarteckel
Rüde rot,
mit Geschirr
und dem deut-
lich sichtbaren
Haltungsfehler
der Vorder-
hand.

Rauhhaarteckel mit Stachelhalsung – ein erzieherisches Ausnahmehilfsmittel.

ist, zu empfehlen. Eine Lederleine kann von einem jungen Hund zu leicht durch-
schnitten (durchgebissen) werden.

Es gibt einfache Lederhalsungen oder solche mit Knopfverzierungen. Bei letzteren muß auf die Innenseite des Riemens besonders geachtet werden. Nicht selten stechen die schlecht vernieteten Rückseiten der Knopfverzierung durch das
Halsband hindurch, das dann am Hals des Hundes scheuert oder wie ein Nagel-
halsband wirkt.

Ferner gibt es Lederzughalsbänder, die sich besonders im Jagdgebrauch bewährt haben. Es ist nur darauf zu achten, daß ein Sperring eingearbeitet ist, damit
dem Hund der Hals nicht zugeschnürt wird. Auch zweireihige Kettenhalsungen,
die sich ebenfalls nicht zuziehen können, haben sich bewährt.

Stachelhalsungen gehören nicht um einen Teckelhals. Mit ganz wenigen Ausnahmen kann man einem Teckel ohne dieses harte Hilfsmittel »Beifußgehen«
beibringen!

Als Leinen sind die schon erwähnten einfachen Lederleinen und die Ketten mit
Lederschlaufen zu empfehlen. Die mehrfach verstellbaren langen Lederleinen
und die Führleinen, die über die Schulter und den Rücken gehängt werden, sind
besonders für den Jäger geeignet. Man hat bei der zuletzt genannten Leine

Halsung-Geschirr, wie es richtig ist. Doppelketten-halsung mit Zangenhaken an einer Lederleine von der Kurzhaar-hündin Gs. Bs. Dunja von Schlendrian getragen.

beide Hände frei, und der Hund, wenn er bei Fuß geht, stört nicht. Darüber hinaus gibt es eine lange Laufleine, die dem Hund beim täglichen Ausgehen per Knopfdruck bis zu 5 m Freiheit gibt. Diese Leine läßt sich – ebenfalls per Knopfdruck – wieder aufrollen, und man hat den Hund wieder entsprechend kurz bei Fuß.

Bei allen Leinen sollte auf Sicherheit in Bezug auf die Haken, die an den Halsungen befestigt sind, geachtet werden. Federhaken sind abzulehnen, dagegen haben sich Zangen- und Karabinerhaken als sicher und gut erwiesen. Von Zeit zu Zeit müssen alle Haken kontrolliert und gegebenenfalls etwas geölt werden – besonders im Winter, wenn salzige Nässe sie bei Spaziergängen schnell rosten und klemmen läßt.

Sonstiges Zubehör

Zur Pflege wird eine Bürste und für Langhaarteckel auch ein Kamm benötigt. Für Könner empfiehlt sich ein Trimmesser, mit dem das Haar des Rauhhaarteckels gestutzt wird.

Zum Schluß ist an die Pfeife zu denken, die besonders für den Führer eines Jagdteckels notwendig ist. Man kann zwischen dem Einfach- oder dem Trillerpfiff wählen, auch gibt es die sogenannte lautlose Pfeife mit einem sehr hohen Ton, der aber vom Hund gut gehört wird. Wichtig ist, daß man den Hund immer mit dem gleichen Pfiff ruft, denn auf Jagden muß der Teckel den Pfiff seines Herrn unter den vielen Pfiffen, die anderen Hunden gelten, erkennen.

Ernährung des Welpen

Beim Kauf des Welpen erkundigt man sich beim Züchter, wie die Welpen bisher gefüttert wurden. Im allgemeinen gibt ein Züchter dem Käufer einen Futterplan oder entsprechende Hinweise mit. Die Welpen sollten in der ersten Zeit, bis die Umstellung verkraftet ist, eine möglichst gleiche Ernährung zu ähnlichen Zeiten erhalten, wie sie es bisher gewohnt waren; auf jeden Fall vermeide man einen krassen Futterwechsel, dieser wird sofort mit Durchfall quittiert.

Da jeder Züchter seine eigenen Fütterungsmethoden hat, auf diese schwört und auch gute Erfahrungen mit ihnen gemacht hat, werden hier nur grundsätzliche Hinweise aus der eigenen Praxis gegeben. Wichtig ist, daß alle Welpen mit vollwertigem Futter satt gefüttert werden. Sie haben im Alter von 8 Wochen rund und glatt auszusehen, müssen dabei aber kernig sein. Dies erreicht man nur, wenn

Eine rührende Mutter, die die Welpen einer anderen Hündin mit saugen läßt.

Individuelle Bedienung, jeder Welpe hat seinen Teller: Rauhhaarwelpen.

die Welpen während der Aufzucht gut gefüttert werden, genügend Auslauf haben und damit ihrem Bewegungsdrang freien Lauf geben können.

Ein Futterplan für 8–10 Wochen alte Welpen sollte etwa wie folgt aussehen:

Morgens: Milch mit Haferflocken und etwas Traubenzucker oder Honig, lauwarm angerührt.

Mittags: Fleisch mit Haferflocken, Fertigfutter als Ergänzung, etwas Futterkalk-Mineralstoffmischung mit warmer Milch, Wasser oder Brühe angerührt.

Abends: Wie morgens.

Statt der Milch kann Milchpulver genommen werden. Bei der Verwendung von Trink- oder Frischmilch ist darauf zu achten, daß diese frisch ist, denn angesäuerte oder saure Milch gehört nicht in den Hundemagen. Normale Trinkmilch, die einen Fettgehalt von 3,5% hat, braucht nicht verdünnt zu werden. Als Zugabe empfiehlt es sich, zwei- bis dreimal wöchentlich ein Eigelb ins Futter zu mischen. Möhren, roh in das Futter gerieben oder als Stückchen, sind eine notwendige Ergänzung der Nahrung. Die Hunde fressen in der Regel rohe Möhren und Obst, wie Äpfel, Birnen, Bananen und einige Beerensorten, sehr gerne. Das gleiche gilt für Gräser, mit Vorliebe für Quecken.

Zur Deckung des Mineral- und Wirkstoffbedarfs erhalten Welpen zusätzlich täglich $\frac{1}{2}$ Tablette Calcipot D_3.

Die Welpenaufzucht ausschließlich mit Fertigfutter aus der Dose oder Tüte ist abzulehnen. Der Hund als Fleischfresser sollte auch wirklich frisches Fleisch in seinem Futter finden. Alles Futter sollte mit warmem Wasser oder Milch angerührt werden, dies ganz besonders dann, wenn Fertigfutter mitverwendet wird. Dieses quillt stark auf, die Hunde haben zunächst bei der Aufnahme mancher Sorten Schwierigkeiten. Besonders wenn sie hastig fressen, müssen sie danach sehr viel trinken, um das im Magen quellende Futter verdauen zu können. Schon der Welpe soll deshalb Wasser zur freien Verfügung haben. Hunde bevorzugen sauberes, abgestandenes Wasser.

Zwischen den Mahlzeiten sollen die Welpen rohe Fleischknochen zum Knabbern bekommen. Am liebsten knabbern sie an knorpeligen Gelenkknochen, es müssen nicht immer Kalbsknochen sein.

Die Zeiten des Fütterns von Welpen und Junghunden richtet man nach dem häuslichen Tagesablauf. Morgens, nachdem der Hund aufgewacht ist und draußen sein Geschäft erledigt hat, hat er Hunger und freut sich auf seine erste Mahlzeit. Ist er sehr früh draußen gewesen, kann man ihn bis zur ersten Mahlzeit mit einigen Hundekuchen oder gewürfeltem Fertigfutter hinhalten, von denen es im Handel ein reichhaltiges Angebot gibt.

Mittags gibt es die Hauptmahlzeit mit Fleisch, die auch mengenmäßig die größte Portion ist. Bis zur Nacht ist sie weitgehend verdaut, und der Hund, besonders der junge, muß nicht mit vollem Bauch die Nacht durchhalten. Das schafft ein Welpe bis zum Morgen nicht; man bekommt ihn schlecht sauber und macht es ihm und sich selbst unnötig schwer. Abends ist die letzte Mahlzeit gegen 18.00 Uhr günstig, aber auch eine etwas vorgezogene Futterzeit, damit der Hund nicht mit zuviel Ballast in die Nacht geht, ist anzuraten.

Stellt man den Junghund mit etwa 5 Monaten auf zwei Mahlzeiten um, dann läßt man die Abendmahlzeit als erste ausfallen. Die Morgenmahlzeit gibt man bis zum 9.–12. Monat, je nach Entwicklungsstand des Hundes. Erwachsene Teckel werden nur einmal am Tag gefüttert, ausgenommen säugende Hündinnen und alte Hunde. Zu den Mengen der einzelnen Mahlzeiten kann gesagt werden: Welpen müssen satt gefüttert werden. Es gibt aber sehr verschiedene Fresser; bei den einen, die sich »randvoll« fressen, muß man aufpassen und schon recht-

zeitig rationieren. Die anderen fressen wohl gut, gehen aber auch bei einem bestimmten Sättigungsgrad von ihrem Futternapf fort. Fresser werden nicht unbedingt geboren, man kann sie dazu erziehen! Es kommt hierbei auf den Schlag des Teckels an, seine Größe und sein Gewicht sowie sein Temperament und seine Bewegungsmöglichkeiten.
Ein Welpe wächst sehr schnell und braucht wöchentlich, ja täglich mehr Futter. Hier muß der Besitzer seinen Hund beobachten und Fingerspitzengefühl beweisen. Ein junger Hund soll immer glatt aussehen, man darf nicht die Rippen oder Wirbel sehen: andererseits soll der Hund nicht zu dick werden, denn in der Jugend angesetzter Speck ist später schwer herunterzubekommen.

Grundsätzlich darf ein Hund – und dies gilt schon für den Welpen – nicht bei Tisch gefüttert werden, er gehört zu dieser Zeit auf seinen Platz und hat nicht zu betteln. Sind erst einige Male kleine Bröckchen beim Essen unter dem Tisch verschwunden, so sitzt später ständig ein bettelnder Hund stupsend oder gar niesend und bellend bei Tisch.
Bei guter Erziehung zeigt sich zu den Mahlzeiten kein Hund. Nur wenn Gäste anwesend sind, findet sich zuweilen ein älterer Schlauberger ein, in der Hoffnung, ein Gast würde die Hausordnung nicht kennen oder sie, durch hübsche Blicke erweicht, nicht beherzigen. Man erweist dem Hund keinen Gefallen, wenn man ihn zum Betteln erzieht. Die unkontrollierte Gabe nahrhafter Bissen außerhalb seiner Mahlzeiten bewirkt nur, daß er dick und anfällig für Krankheiten wird.

Vier Welpen mit einem Ball in der Strumpfhose.

Erziehung des Welpen

Die Erziehung eines Hundes ist gar nicht so schwer, wenn man einige Grundregeln beachtet. An die erste Stelle sind Disziplin und Selbstbeherrschung des Hundebesitzers zu setzen, an die zweite Stelle Konsequenz von Anfang an im Umgang und bei der Erziehung des jungen Hundes. Drittens ist viel Lob zu spenden; der Hund will seinem Herrn gefallen, er ist dankbar für jedes gute Wort und ein kurzes Streicheln oder Klopfen, begleitet von dem Wort »brav«. Muß einmal geschimpft oder gestraft werden, sollte man nicht lange grollen, sondern sich sehr bald mit dem Hund wieder vertragen. Ältere Hunde, die auf ihren Herrn ganz eingestellt sind, brauchen kaum noch mit Worten dirigiert zu werden, oft genügt ein Blick, und Herr und Hund wissen, welche Aufgabe es zu erledigen gibt. Auch spürt ein Hund sehr schnell, wie das Stimmungsbarometer bei Herrchen oder Frauchen steht, häufig tut er in solchen Momenten instinktiv genau das Richtige.

Stubenreinheit

Am Anfang der sogenannten Stubendressur, der Erziehung im Junghundalter, steht die Sauberkeit im Haus. Mit der Erziehung zur Stubenreinheit beginnt man bei dem jungen Hund am ersten Tag. Es gibt Welpen, die von ihrem Züchter schon zur Sauberkeit angehalten wurden. Diese Hunde sind im allgemeinen sehr schnell stubenrein. Sind die Welpen beim Züchter jedoch nicht zur Sauberkeit erzogen worden, hat man häufig mehr Mühe. Je älter der Hund ist, je länger er im Zwinger gelebt hat, desto schwieriger ist er sauber zu bekommen.

Ein Welpe muß grundsätzlich nach dem Schlafen, nach dem Spielen und nach dem Fressen nach draußen, um sein Geschäft zu machen. In der Anfangszeit sollte er alle zwei Stunden nach draußen geführt werden. Man setzt ihn nach Möglichkeit immer an die gleiche Stelle, die dafür vorgesehen ist. Der Hund begreift sehr schnell, was er dort erledigen soll, zumal der Geruch ihn dazu anregt. Hat er prompt seinen See oder das Häufchen gemacht, so lobt man ihn mit Worten; der Welpe weiß dann sehr bald, daß er sich nur draußen zu lösen hat.

Ist nun aber doch einmal ein See oder Häufchen in die Wohnung gemacht worden, so gilt folgende Regel: Strafe begreift der Hund nur, wenn er auf frischer Tat erwischt wird, er muß zu seinem Tun noch eine Verbindung haben. Man nimmt dann den Hund und zeigt ihm sein Delikt und kann ihm einen kleinen Klaps geben oder mit ihm schimpfen. Schimpfwörter sollten zwar klar und deutlich und energisch gesprochen, aber nicht überlaut gesagt oder gar geschrien werden. Für diese Missetat genügt es eigentlich schon, mit einem »Pfui« auf den See zu zeigen und den Namen des Hundes einige Male zu wiederholen. Danach muß der Hund sofort nach draußen gebracht werden, damit er weiß, weswegen er gestraft wurde. Wichtig ist, daß die Stelle, an der das Malheur passiert ist, gründlich gereinigt wird. Ist dies nur oberflächlich geschehen, animiert der Geruch den Hund, sich erneut dort zu lösen.

Für die Sauberkeit während der Nacht wurde im vorausgegangenen Kapitel bereits der Kartontip gegeben. Nur wenige Hunde oder nur Hunde in großer Not beschmutzen ihr Lager. Also bediene man sich für die Nacht eines geschlossenen Kartons, bei dem aber für genügend Luft gesorgt ist. Am kommenden Morgen muß der kleine Kerl dann ohne Umwege nach draußen gebracht werden. Nach Erledigung seines Geschäfts wird er selbstverständlich wieder gelobt.

Wichtig ist, daß der Hund genau beobachtet wird, besonders beim Spiel. Junge Hunde spielen vergnügt, brechen abrupt ab und suchen herum, Sekunden später fließt der Bach. Hier muß man aufpassen und den Hinweis des Hundes richtig verstehen, das heißt, schnellstens mit ihm vor die Tür!
Werden diese Dinge beachtet und hat man in den ersten Tagen konsequent aufgepaßt, so hat man innerhalb von 8–10 Tagen einen sauberen Hund.

Gewöhnung an den Hundeplatz

Wie schon erwähnt, hat der Hund einen festen Platz, an dem sich sein Korb, seine Kiste oder Matte befindet. Hier ist sein Reich, hier hat er sich in den Ruhepausen aufzuhalten. Dieser Platz befindet sich im allgemeinen Wohnbereich an einer warmen, vor allem zugfreien Stelle. Das Lager muß von unten warm und isoliert sein; auf kaltem Steinfußboden kann und mag kein Hund liegen. Eine weiche Matte oder ein Kissen im Korb dürften ausreichend Wärme geben. Sehr gerne decken sich Teckel zu; es gibt Spezialisten unter ihnen, die sich eine Decke vollendet über den ganzen Körper ziehen können.

An seinen Platz hat der Hund vom ersten Tag an gewöhnt zu werden. Man setzt ihn zu diesem Zweck in den Korb und gibt ihm das Kommando »Platz!« oder »Kusch!«. Es kann auch »Ins Körbchen!« oder »Hundeplatz marsch!« heißen.

Wurfgeschwister, Kurzhaarwelpen.

Dafür gibt es eine Menge Ausdrücke, nur sollte man sich immer der gleichen Befehle bedienen.

Zunächst wird der junge Hund nicht sofort dort liegen bleiben. Er muß dann wieder mit den schon erwähnten Worten zurückgebracht werden. In der Regel begreift er schnell und nimmt seinen ihm zugedachten Platz an. Es gibt aber Hunde, besonders ältere, bei denen diese Phase länger dauert. Hier müssen die Besitzer mehr Geduld, aber absolute Konsequenz aufbringen, denn ist der Hund intelligent genug, beginnt er schon hier, seinen Herrn um den Finger zu wickeln. Mit schuldbeladener Miene schleicht er aus dem Körbchen und sitzt sehr bald, sich anschmiegend, mit im Sessel oder auf dem Sofa. Ist dieser Bann gebrochen, wird er sich dort einen – seinen – Platz einrichten. Man kann von da aus ja alles besser übersehen und nimmt am Familienleben direkt teil!
Nicht selten wird in dieser Frage von vielen Teckelhaltern ein Kompromiß geschlossen. Der Hund hat seinen festen Platz und hält sich dort auch auf. Doch am Abend, wenn die Familie versammelt ist, darf er auf einer sogenannten »Hundedecke« mit auf dem Sessel liegen. Auch sitzen oder liegen Hunde gerne auf dem Teppich, den Kopf auf die Füße des Besitzers gelegt. Damit ist beiden geholfen:

Der Hund hat den gewünschten Kontakt und Herrchen oder Frauchen warme Füße.

Nur wenn sich der Hund eigenmächtig einen Sessel oder gar das Bett als das für ihn geeignete Lager ausgesucht hat, sollte man ihn energisch auffordern, es zu verlassen. Bleibt er hartnäckig, dann muß er ernsthaft ermahnt werden, und man kann dies ruhig und nachdrücklich tun, indem man ihm mit einer zusammenge-falteten Zeitung einen kleinen Klaps auf die Keule versetzt. Vorsicht ist allerdings bei jungen Hunden geboten, die nicht selten, wenn sie ein schlechtes Gewissen haben, einen kleinen See machen. Dies gilt es mit Geschick, solange der Hund noch auf dem Möbelstück ist, zu verhindern. Mit dem Älterwerden verliert sich in der Regel das »Seemachen« in solchen Situationen.

Gehorsam

Gehorsam, was ist das? Ist es eine Unterordnung des Hundes, ein bedingungs-loses Folgen, oder ist es ein sinnvolles Miteinander, ein gezieltes Einsetzen seiner unverbildeten, unverdorbenen Veranlagung?

Im allgemeinen geht dem Teckel der Ruf voraus, er sei nur schwer zu erziehen, könne nicht gehorchen; ja, er sei ein eigenwilliges Geschöpf. Er ist eben eine Persönlichkeit. Voraus sei gesagt: Jeder normal veranlagte, junge Teckel ist zum Gehorsam zu erziehen. Grundbedingung ist, daß er richtig und konsequent ge-führt wird, und dies gilt besonders für den Teckel, der in der praktischen Jagd eingesetzt werden soll.

Wir sollten wissen, weshalb dem Teckel der Ruf des Nichtgehorchenkönnens vorausgeht. Seine Vorfahren waren reine Jagdhunde, die in erster Linie zur Bejagung von Raubwild, Fuchs und Dachs eingesetzt wurden. Bei der Baujagd waren – und sind – diese kleinwüchsigen Hunde ganz auf sich gestellt. Nur ihr Instinkt, ihre Intelligenz und ihr Mut entschieden oft genug über die Frage des Überlebens. Daraus entwickelte sich mit der Zeit der eigenwillige und eigen-mächtig handelnde Charakter.

Erwirbt man seinen Hund im Alter von 8–12 Wochen, so beginnt man sofort mit der Erziehung; das fängt mit der Sauberkeit, wie in vorausgegangenen Kapiteln erläutert, an und setzt sich fort über das »Am-Platz-Bleiben«. Darüber hinaus gilt

**Zuchtgruppe
»von Schlendrian«,
Ausgeglichenheit
vom Kopf bis zur
Rutenspitze.**

es noch sehr viel mehr im ersten halben Jahr zu lernen, nämlich gutes Benehmen. An seinem Hund hat gewöhnlich nur der Freude, der sich nicht ständig über ihn ärgern muß.

Da der Hund von Natur aus ein Meutetier ist, das im Rudel lebt und von einem Leithund geführt wird, muß der Mensch nun die Rolle des Leithundes übernehmen. Der junge Hund ordnet sich schnell unter und gibt sich Mühe zu gefallen.

Zum Gehorsam gehört das Kommen auf den Ruf oder Pfiff. Dies wird geübt, und wenn der Hund der Aufforderung gefolgt ist, wird er tüchtig gelobt. Man streichle und klopfe ihn mit den Worten »Brav, mein Hund« und nenne auch seinen Namen. Hat man zu Beginn Schwierigkeiten, so sollte dem Hund nach dem Kommen ein kleiner Leckerbissen gegeben werden, es braucht nicht viel zu sein. Ein Bröckchen Hundekeks genügt. Als nächste Übung wird das Sitzen auf Befehl trainiert. Das Kommando heißt: »Sitz« oder »Platz«. Der Hund muß auf dieses Wort sitzen bleiben, bis man ihn angeleint oder ihm die nächste Aufgabe gestellt hat. In Gefahrenmomenten hat sich Gehorsam bei dieser Übung schon als rettend erwiesen.

Im praktischen Jagdgebrauch ist es dann und wann notwendig, daß der Hund im Revier abgelegt wird. Er hat in diesem Fall so lange an seinem Platz zu bleiben – auch frei –, bis er wieder abgeholt wird. Diese für manchen Teckel sicher sehr harte Geduldsprobe kann ihm erleichtert werden, wenn der Führer einen Gegenstand bei seinem Hund zurückläßt. Empfehlenswert ist das Ablegen auf dem Rucksack. Es gibt Teckel, die auch nach stundenlangem Alleinsein ihren Herrn noch artig liegend erwarten.

Für das Warten vor Geschäften ist der Hund dort anzubinden. Bei jungen Hunden nimmt man am besten ein Kettchen mit einer Lederschlaufe. Der Teckel wird mit den Worten »Sitz, Platz oder warte« abgelegt. Aus Erfahrung weiß er bald, daß er schnell wieder abgeholt wird, und verhält sich ruhig. Kommt man zurück, muß der Hund immer gelobt werden. In kurzer Zeit ist das Warten für den Teckel eine Selbstverständlichkeit.

Leinenführigkeit

An das Gehen an der Leine müssen junge Hunde früh gewöhnt werden, zumal sie Halsband und Leine als äußerst lästig empfinden. Zunächst sträuben sie sich, vorwärts zu gehen, springen hoch und zur Seite und mehr rückwärts als vorwärts. Hier verfährt man behutsam, doch zielstrebig, indem man nicht zieht, sondern den Hund hinter sich herlockt, so daß er die Leine kaum merkt. Man vergesse nicht, ihn zu loben, wenn er mitläuft. In den meisten Fällen ist er schnell leinenführig; denn es ist draußen interessant für ihn, und bald freut er sich, wenn man zur Leine greift. Ein Hund ist immer an der linken Seite zu führen, dies gilt besonders für den Jäger.

Leinenführigkeit bedeutet, daß der Hund an der Leine, jedoch »bei Fuß« geht. Es sollte immer der Herr mit seinem Hund ausgehen und nicht der Hund mit seinem Herrn! Man sieht da öfter kuriose Bilder. Selbstverständlich darf der Hund mal hier, mal dort stehenbleiben und schnuppern, denn das ist für ihn ein »Zeitungslesen« mit der Nase. Grundsätzlich sollte aber der Mensch das Tempo beim Ausgehen bestimmen.

Das Ziehen und Zerren an der Leine darf auf keinen Fall geduldet werden. Es gibt Hunde, die keuchend im Riemen liegen und den Arm des Führers lang und länger werden lassen. Hier gilt es, sich schon beim jungen Hund durchzusetzen und ihm das Ziehen abzugewöhnen. Zieht der Teckel immer wieder, so muß man ihn mit einem energischen Ruck und dem Wort »Bei Fuß!« oder »Kurz!« strafen. Es ist auch darauf zu achten, daß der Hund immer geradeaus geht und nicht diagonal läuft. Für den jungen Hund kann sich solch ein Zerren und dadurch bedingtes schräges Laufen nachteilig auf die Entwicklung der gesamten Vorderhand auswirken.

So gilt ganz allgemein die Forderung nach dem ständigen Bemühen, seinen Hund sicher in der Hand zu haben. Es ist als Unsitte zu betrachten, wenn Menschen ihren Hund frei und außerhalb ihres Einflußbereiches laufen lassen, selbst wenn sie meinen, daß er nicht angriffslustig ist. Teckel sind mutig und frech. Bei einer möglichen und nicht selten vorkommenden Beißerei zwischen einem frei herumlaufenden und einem angeleinten Hund ist dieser immer im Nachteil, und es sind leider Fälle bekannt, daß Teckel gebissen, sogar totgebissen wurden.

Bei allem Gehorsam, den ein Hund beweisen kann, soll man daran denken, daß er eben doch nur ein Hund und in bestimmten Situationen mit kleinen Kindern zu vergleichen ist. Er reagiert impulsiv und spontan. Eine Katze oder ein anderer Hund, eventuell eine heiße Hündin auf der anderen Straßenseite, lassen ihn alle guten Lehren vergessen. Ein Hund ist deshalb im Straßenverkehr immer anzuleinen, um nicht sich und andere zu gefährden.

Beim Spazierengehen in übersichtlichem Gelände kann dagegen der gut abgerichtete Teckel frei bei Fuß laufen, das heißt ohne Leine. Es gibt solche, die dies sehr gut und sicher tun, doch muß der Hund absolut in der Hand des Führers sein. Im Wald gehört dagegen ein Teckel, der nicht als Jagdhund geführt wird, wieder an die Leine. Da in jedem Teckel die Jagdlust mehr oder weniger ausgeprägt steckt, brennt bei starker Wildwitterung zu leicht die »Sicherung« durch, und ab geht die Jagd. Häufig endet solch ein Ausflug mit viel Ärger oder mit großem Kummer, weil der Hund nicht wieder zurückkommt, überfahren oder als wildernd erschossen oder auch von anderen als ausgesetzt betrachtet und mitgenommen wird.

Anknabbern und Zerreißen von Gegenständen

Ist es Langeweile, Kummer, Übermut oder Unart, weshalb ein junger Hund alle möglichen Gegenstände annagt? Zunächst muß davon ausgegangen werden, daß der Welpe knabbert, um seinen Spieltrieb zu befriedigen, dazu kommt das

Farbtafel 3: Zwei muntere Rauhhaarwelpen

Bedürfnis, seine Zähne und Kaumuskeln zu stärken. Der nächste Grund ist Langeweile. Ein junger, manchmal auch ein älterer Hund, der unter Langeweile leidet, lenkt sich durch Nagen an irgendeinem für ihn gerade erreichbaren Gegenstand ab. Ebenso kann Kummer die Ursache sein, zum Beispiel bleiben dem Hund die Vorbereitungen für einen Reviergang nicht verborgen. Lederhose, Stiefel und Waffe stehen bereit, aber er darf nicht mit. Er muß zu Hause bleiben, und dann dauert der Ausflug auch noch unverhältnismäßig lange. Vor lauter Trübsinn kommt der Hund auf sonst nicht übliche Einfälle und kann dabei ungeahnte Kräfte mobilisieren, so daß man beim Anblick der Verwüstung glaubt, er habe technische Hilfsmittel benutzt.

Der Übermut ist häufig eine Folge von Langeweile und löst wie diese den Nagetrieb aus. Ist ein Hund ausgetobt und hat genug Beschäftigung, stellt sich die Unart gar nicht erst ein.

Eine weit schlimmere Form des Nagens und wohl die am schwierigsten zu korrigierende ist das Knabbern am eigenen Korb und das Zerreißen von Decken und Kissen. Hier ist die Empfehlung zu wiederholen, einem jungen Hund nicht gleich einen neuen, teuren Korb zur Verfügung zu stellen. Die einfache Apfelsinenkiste mit vier Eckholmen reicht zunächst vom Platz her aus und kann benagt werden. Den Korb gibt man dem Hund frei, wenn er unter Aufsicht darin liegt. Dem Annagen von Türen, Stuhl- und Tischbeinen, wertvollen Teppichen und anderen Dingen kann man mit Spielzeug für den Hund vorbeugen. Aufpassen muß man in der ersten Zeit trotzdem. Ist der Hund zeitweise ohne Aufsicht, so läßt man ihn in einem Raum, in dem er keinen großen Schaden anrichten kann.

Das natürliche Nagebedürfnis des Hundes wird befriedigt, indem man Fleischknochen, vor allem Knorpelknochen oder Knochen mit Gelenkköpfen, zum Knabbern gibt. Je größer der Knochen ist, desto länger hat der Hund sein Tun mit ihm. Natürlich sollte alles im richtigen Verhältnis zueinander stehen. Mit Rücksicht auf die Wohnung sollte der Hund seinen Knochen immer auf dem Hundeplatz oder draußen bekommen. Gewöhnt man den Hund vom ersten Tag daran, so geht er mit dem Knochen bald unaufgefordert auf seinen Platz.
Ein Kauknochen verschafft ebenfalls ein gutes Training für die Zähne und Kaumuskulatur. Außerdem wird der Hund nicht so schnell mit ihm fertig, und er hinterläßt keine Flecken auf Decken und Fußböden.

Für den jungen Hund sollte zum Knabbern auch ein Stückchen nicht splitterndes Holz oder ein Stöckchen und/oder ein ausrangierter Haus- oder Lederschuh vorhanden sein. Ein Hartgummiball oder Tennisball werden ebenfalls gerne zum Knabbern genommen. Es gibt viele Möglichkeiten, dem Hund Knabbergegenstände zu verschaffen, häufig ergibt sich Abhilfe von selbst. Ihr Hund bringt sich ein Stück Holz oder ein Stöckchen vom Spaziergang mit, gerade dieses liebt er dann besonders. Plastiksachen und Steine darf man ihm nicht überlassen. Abgesplitterte Plastikteile haben schon öfter zu Magen-Darm-Verletzungen geführt, die eine Operation erforderten. Kleine Steine können leicht verschluckt werden und führen dann zu Verdauungsstörungen, größere Steine sind für die Zähne schädlich.

Im allgemeinen reicht das Knabberalter vom Welpenalter bis zum 4. bis 5. Monat, dann hat der kleine Hund begriffen, was er darf und was nicht. Es setzt aber in der Zeit des Zahnwechsels von $5\frac{1}{2}$ bis 7 Monaten noch einmal ein verstärktes Knabberverlangen ein.

Ein besonderes Problem sind Hündinnen, die scheinträchtig sind und sich zur Zeit des Wurftermins ein Nest bauen wollen. Sie kratzen und zerreißen dafür Kissen und Decken. Man sollte ihnen in dieser Zeit alte Decken oder Lumpen, auch Zeitungen in ihr Lager geben.

Spielzeug

Junge Hunde sind wie Kinder, sie wollen toben und spielen. Je mehr Abwechslung und Spielzeug, desto einfallsreicher und vielfältiger sind die Spiele, und desto mehr wird die Intelligenz des Hundes gefördert.

Spielen sollen schon die Welpen, sobald sie zu laufen beginnen. Man befaßt sich deshalb bereits im Alter von 4–5 Wochen spielend mit ihnen. Je früher, desto zutraulicher und gelehriger werden die Hunde. Einfaches Spielzeug sind Bälle jeder Art. Hartgummibälle bieten sich an, sie sollten aber nicht zu klein sein, da sie von heranwachsenden Hunden zu leicht verschluckt werden können. Tennisbälle eignen sich vorzüglich, es müssen keine neuen Bälle sein. Der Teckel wirft und rollt sie, größere Bälle werden für raffinierte Nasenballspiele verwendet. Für das gemeinsame Spiel mehrerer Teckel eignet sich ein Tennisball, in einen alten Strumpf gesteckt. Er darf aber den Tieren nur unter Aufsicht überlassen werden, da die Gefahr des Strangulierens nicht auszuschließen ist.

Sehr gerne spielen Hunde auch mit einem Stück Mohrrübe, einer Kartoffel oder einem Apfel. Sie rollen und werfen die Stücke hoch, fangen sie wieder auf, wälzen sich auf ihnen, bis sie sie schließlich auffressen.

Ausrangierte Haus- oder Lederschuhe bieten sich außerdem für den jungen Hund an. Sie haben den Geruch von Herrchen oder Frauchen und eignen sich sehr gut zum Knabbern. Alte Pullover oder Strümpfe sind im Korb immer willkommen. Man braucht kein teures Hundespielzeug, das es in großer Auswahl zu kaufen gibt. Einfache Dinge, die kein oder nur wenig Geld kosten, eignen sich genausogut wie teure Spielmäuse, die nach mehrmaligem kräftigen Zubeißen ohnehin verstummen und dann nur noch nach Gummi stinken.

Beim Spielen mit dem Hund kann man seinen natürlichen Apportiersinn fördern. Hierzu eignen sich am besten Stöcke und Holzstücke jeder Art und Größe, die nicht splittern und nicht mit imprägnierenden Mitteln behandelt worden sind, also Stöcke, die man vom Spaziergang aus dem Wald mitbringt.

Drei Welpen mit ihrem Spielstock.

Zunächst zieht man einen solchen Stock vor dem Hund her, er faßt spielend zu, hält fest und trägt ihn stolz als seine Beute. Danach wird der Hund mit dem Stock im Fang gerufen und – wenn er ihn bringt – dazu veranlaßt, ihn seinem Herrn zu übergeben. Nun wirft man den Stock etwas weiter weg und fordert den Hund auf, ihn zurückzubringen. Dazu benutzt man die Worte »Bring apport!« oder »Bring das Stöckchen!« Der Hund saust in der Regel los, apportiert ihn oder läuft weiter.

Hat er apportiert, wird er gelobt, und zwar mit Worten und Streicheln, es können ihm auch kleine Leckerbissen gegeben werden.

Das Apportieren kann auch vom Teckel, der im Jagdgebrauch steht, nicht als selbstverständliche Leistung erwartet werden. Er bringt bei der Jagd die Beute herbei, wenn sie an Größe und Gewicht teckelgerecht ist. Dazu gehören Kaninchen, leichtes Flugwild und auch Enten, die aus dem Wasser zu holen sind.

Sechs saufarbene Rauhhaarwelpen »aus der Messestadt«.

Die Pflege

Eine Redensart in der Pferdehaltung sagt: »Gut gefüttert ist halb geputzt!« Dies gilt generell in der gesamten Tierhaltung. Ist der Hund gesund und vernünftig gefüttert, ist die Pflege relativ leicht.

Beginnen wir mit der *Fellpflege*. Der pflegeleichteste Teckel ist der Kurzhaarteckel. Eine Bürste kennen diese Hunde kaum, sie toben auf dem Rasen, rollen sich gelegentlich auf dem Teppich, und das Fell ist glatt und glänzend. Der Rauhhaarteckel muß öfter gebürstet werden. Ist sein Haar lose, weich und länger geraten, sollte er etwa zweimal im Jahr getrimmt werden, das heißt, daß das zu lange Haar mit einem Trimmesser gekürzt wird, da sonst sein Aussehen zu sehr von der gewünschten Erscheinung abweicht. Der Langhaarteckel ist in der Pflege der arbeitsaufwendigste, sollte er doch täglich gebürstet und gekämmt werden. Das Kämmen der Fahnen – der langen Haare an den Läufen und der Rute – darf jedoch nicht so intensiv durchgeführt werden, daß am Ende kaum noch Haare vorhanden sind. Zur Pflege eines Langhaarteckels gehört ebenfalls, daß von Zeit zu Zeit, je nach Stärke des Haarwuchses, die Haarbüschel zwischen den Zehen abgeschnitten werden. Es sieht nicht gut aus, wenn an den Pfoten die Behaarung zu stark ist. Darüber hinaus sind diese Haare im Winter und bei feuchtem Wetter für den Hund eine Behinderung, da sich an den Pfoten schnell Schmutz-, Schnee- und Eisklumpen bilden, die das Laufen erheblich erschweren. Das gleiche gilt auch für den stark an den Läufen behaarten Rauhhaarteckel.

In regelmäßigen Abständen sind die *Ohren* zu kontrollieren. Es gibt Hunde, bei denen sie immer sauber sind, aber bei vielen Hunden, besonders langhaarigen, sammelt sich erheblicher Schmutz an. Wird dieser nicht entfernt, kommt es leicht zu Entzündungen im Gehörgang, die zu Geruch führen; der Hund kratzt sich und ist sehr empfindlich. Mit einem Papiertuch und Wattestäbchen lassen sich die Ohren und der obere Bereich des Gehörganges leicht reinigen. Man sollte hierbei behutsam vorgehen, dann hält der Hund auch still. Hat man aber erst einmal Schmerzen dabei bereitet, wird er sich diese Pflegemaßnahme nur widerwillig gefallen lassen. Auf keinen Fall darf man Öl oder sonstige feuchte Mittel in die Ohren geben.

Häufige Ursache des sogenannten Ohrenzwanges sind Milben, die sich Teckel von der Arbeit im Bau mitbringen können. Nach solcher Arbeit ist die Behandlung mit einem desinfizierenden Mittel zu empfehlen.

Die *Augenpflege* beschränkt sich im allgemeinen auf das vorsichtige Auswischen der Augen, wenn sich etwas Schleim gebildet hat. Nach Bau- und Stöberarbeit sind jedoch auch hier besondere Pflegemaßnahmen notwendig. Man nehme einen Wattebausch, tränke ihn mit lauwarmem Wasser oder Kamillentee und wasche die Augen damit vorsichtig aus. Danach gebe man etwas Augensalbe, die entzündungshemmend wirkt, in die Augen. Hat ein Hund ohne ersichtlichen Grund ständig tränende Augen, so sollte der Tierarzt aufgesucht werden. Die Ursache kann eine Bindehautentzündung sein, die auf Zugluft zurückzuführen ist.

Die *Zahnpflege* ist bei jungen Hunden einfach. Man muß aber im Alter von 6–7 Monaten auf den Zahnwechsel achten. Besonders ist der rechtzeitige Ausfall der Fangeckzähne zu kontrollieren. Nicht selten sitzen diese so fest, daß sie vom Tierarzt gezogen werden müssen, wenn der neue, bleibende Zahn inzwischen schon länger geworden ist als der noch festsitzende Milchzahn. Bei älteren Hunden muß auf Zahnstein geachtet werden, der im Extremfall das Zahnfleisch zurückdrängen und zu Infektionen führen kann. Sollte sich also eine bräunliche Zahnsteinschicht, meistens an den Fangzähnen beginnend, bilden, so ist sie zu entfernen. Ist der Zahnstein noch weich, kann er mit dem Fingernagel beseitigt werden. Gelingt dies nicht mehr, dann muß der Tierarzt aufgesucht werden. Vorbeugend gegen Zahnstein hilft das Knabbern von Knochen; auch Obst und Gemüse wirken sich hier positiv aus.

Krallenpflege: Hunde, die in der Stadt leben und viel auf hartem Pflaster laufen müssen, nutzen sich dort die Krallen ab. Auch Hunde, die viel Gelegenheit zum Buddeln haben, pflegen sich auf diese Weise ihre Krallen selbst. Doch bei älteren Hunden kann ein Krallenschneiden häufig erforderlich werden. Es geschieht am besten mit einer eigens dafür bestimmten Spezialzange. Besonders die Afterkralle an den Vorderpfoten wächst stark nach. Wenn Hunde mit dieser gebogen gewachsenen Kralle hängenbleiben, kann es zu schmerzhaften Verletzungen kommen. Das Schneiden der Krallen muß sehr sorgsam vorgenommen werden, es darf auf keinen Fall zu Blutungen führen. Scharfe Kanten an den Krallen sollen abgefeilt werden.

Im Winter bei Eis und Schnee ist sehr darauf zu achten, daß der Hund nicht in Streusalz tritt. Es wirkt zusätzlich kühlend, was das Tier schmerzhaft empfindet. Man kann beim Ausgehen sehr bald beobachten, daß der Hund auf drei Beinen läuft, ja zum Schluß nicht mehr weiß, welches Bein er noch ansetzen kann. Streusalz kann an den Pfoten zu Entzündungen führen, die schlecht heilen.

Teckel, ja alle Hunde, die im Winter bei verharschtem Schnee als Stöberhunde häufig zur Jagd eingesetzt werden, laufen sich dabei die Pfoten wund. Der Harschschnee schneidet die Ballen wie Glas auf. Nicht selten haben die Hunde nach dem ersten oder zweiten Treiben blutende Pfoten. Solche Verletzungen müssen nach der Jagd sorgfältig gepflegt werden. Am besten eignet sich hierfür eine fetthaltige Salbe, zum Beispiel Vaseline. Auch ist es dringend ratsam, den Hunden danach einige Tage Ruhe zu gönnen, damit die Schnitte verheilen können.

Die Analdrüsen (Duftdrüsen) neigen bei älteren Hunden zur Verstopfung. Sie befinden sich seitlich des Afters und sondern ein Sekret ab, das normalerweise über den After abgeleitet wird. Ist diese Absonderung gehemmt, versucht der Hund sich selbst Erleichterung zu schaffen. Typische Anzeichen dafür sind das sogenannte Rutschen, der Hund sitzt auf seinem Hinterteil und rutscht über den Boden, und ein unaufhörliches Lecken. In diesem Fall ist ein Ausdrücken der Analdrüsen nötig, das jedoch vom Laien lieber nur nach Anleitung durch den Tierarzt vorgenommen werden sollte; bei unsachgemäßem Vorgehen können Entzündungen im gesamten Analbereich ausgelöst werden. Das auszudrückende Drüsensekret ist eine äußerst übelriechende, graubraune Flüssigkeit. Auch von daher ist also Vorsicht geboten. Alle diese Pflegemaßnahmen kann man eigentlich selbst durchführen und braucht nur in hartnäckigen, krankhaften Fällen zum Tierarzt zu gehen.

Das gelegentliche Bad

Das Bad braucht beim Teckel nur höchst selten durchgeführt zu werden. Der gesunde, gut gefütterte Teckel hat ein glänzendes, den Schmutz abweisendes Fell. Die Bürste bringt den Staub und die losen Haare aus dem Fell.
Ist der Teckel nun aber sehr schmutzig geworden oder hat sich in übelriechenden Haufen gewälzt, muß er gebadet werden. Das gleiche gilt für einen Teckel, der mit Ungeziefer befallen ist. Er wird in einem ungeziefertötenden desinfizie-

renden Bad gebadet. Leidet ein Teckel unter einer Hautkrankheit, wird er in einem vom Tierarzt verordneten Heilbad gebadet.

Wie wird der Teckel gebadet?
In eine Wanne oder ein Duschbecken wird lauwarmes Wasser bis zum Bauch des Teckels reichend eingelassen. Das Fell des Hundes wird befeuchtet und mit einer im Handel erhältlichen Hundeseife oder einem Shampoo eingerieben. Besondere Vorsicht ist am Kopf geboten; Augen, Ohren und Nase dürfen keine Seife abbekommen. Der Kopf bleibt trocken. Nach gründlichem Einmassieren wird mit einer lauwarmen Brause die Seife aus dem Fell gespült. Bei starker Verschmutzung ist ein zweites Einseifen nötig. Nach dem letzten Spülen wird der Teckel mit einem Handtuch trockengerieben und an einen warmen Platz gesetzt. Einen Föhn muß der Hund gewöhnt sein, er hält dann gerne still. Kommt ein Teckel aus dem Bad, ist seine erste Reaktion, sich zu schütteln, als nächstes wälzt er sich gerne, um somit auf seine Weise sein Haar zu trocknen. Nach dem Bad sondert die Haut vermehrt Schuppen ab, auch ist das Haar weicher. Hunde, die zu einer Ausstellung gebracht werden sollen, dürfen am Tage zuvor nicht gebadet werden. Das Haar muß seine natürliche Festigkeit wiederbekommen, und die Schuppen müssen aus dem Fell verschwunden sein.

Durch zu häufiges Baden verliert das Haar seinen natürlichen Schutz.

Ernährung
des ausgewachsenen Teckels

Dieses Thema allein ist umfangreich genug, um seitenstarke Bände zu füllen. Hier sollen lediglich in der Praxis bewährte Erfahrungen wiedergegeben und Hinweise vermittelt werden in der Hoffnung, daß sie insbesondere dem noch unerfahrenen Teckelbesitzer eine Hilfe sein mögen und grobe Fehler gar nicht erst gemacht werden.

Als Hundehalter muß man sich vergegenwärtigen, daß Hunde Raubtiere und somit Fleischfresser sind, dann dürften die gröbsten Ernährungsfehler nicht mehr vorkommen. Ein schwerwiegender Irrtum ist es zu glauben, der Hund könne von Küchenabfällen und sonstigen Resten ausreichend ernährt werden. Ebensowenig sind Süßigkeiten ein geeignetes Hundefutter; auch in kleinen Mengen, zum Beispiel als Belohnung, sind sie dem Hund eher schädlich als nützlich. Aber die wilden Vorfahren unserer Hunde werden auch nicht täglich frisches Fleisch zur Verfügung gehabt haben; manchen Tag werden sie sich mit Aas begnügt oder gar gehungert haben. Zudem war Fleisch nicht die ausschließliche Nahrung. Die Innereien und Magen-Darminhalte der in der Regel pflanzenfressenden Beutetiere gehörten ebenso zu der Mahlzeit wie die wertvollen Teilstücke von Rücken und Keule.

Diese Überlegungen machen im Prinzip die Hundeernährung deutlich. Fleisch und aufgeschlossene Pflanzenkost sind als Ernährungsgrundlage anzusehen, die durch Vitamine und Mineralstoffe ergänzt werden muß.

Als Futtermittel kommt also in erster Linie Fleisch in Betracht, das neben Geschmacksstoffen, Salzen und Vitaminen vorrangig Eiweiß enthält, welches der Hund notwendig zum Aufbau eigener Körpersubstanzen benötigt. Hier bieten sich die Innereien – Herz, Leber, Milz, Nieren, Pansen, Blättermagen – und in begrenztem Umfang auch Euter an. Futterfleisch wie auch Pansen ist heute vielerorts zu erhalten. Spezialisierte Hundefutterhandlungen und Zoogeschäfte, Supermärkte wie fast alle Schlachtereien bieten solches Futter an. Der hier in handlichen kleinen Packungen verkaufte Pansen ist aber in der Regel gereinigt. Wenn man ungereinigten Pansen bekommen kann, wäre er vorzuziehen, da er wertvolle Vitamine enthält.

Darüber hinaus kann ergänzend der Eiweißbedarf durch grätenfreies Fischfleisch, Geflügelinnereien und Geflügelteile – aber ohne Röhrenknochen –, Milch und Milchprodukte sowie Eier gedeckt werden. Der Fisch muß selbstverständlich unverdorben sein, um eine Fischvergiftung zu vermeiden. Für den heranwachsenden Hund ist Milch eine hervorragende Eiweißquelle. Der über ein Jahr alte Hund sollte dagegen keine Milch mehr bekommen, wird von manchen Fachleuten gefordert, da bei ihm das Milchfett und der für ihn unverdauliche Milchzucker zu Verdauungsstörungen und Hauterkrankungen führen können. Wenngleich Käse kein Hundefutter ist, so kann doch Magerquark einen festen Platz als Bestandteil der Mahlzeit haben.

Die Verdaulichkeit und Bekömmlichkeit des Hühnereiweißes wird durch Kochen erhöht. Das Eigelb allein wird auch roh gut verdaut und vertragen, und wöchentlich ein oder zwei Eidotter wird der Hund bald aufgrund des relativ hohen Fettanteils mit einem glänzenden Fell danken.

Wenn hier neben dem Fleisch als Eiweißlieferant von Pflanzenkost gesprochen wird, so sind damit als Energiespender die Kohlehydratträger – Haferflocken, Graupen, Reis – gemeint. Sie müssen allerdings durch Kochen aufgeschlossen werden. Im Handel sind heute »Hundeflocken« erhältlich, bei denen die beigemischten Getreide durch Toasten von vornherein für den Hund besser verdaulich gemacht worden sind.

Obst und Gemüse – mit Ausnahme der vom Hund schwer verdaubaren Kartoffeln und Hülsenfrüchte – bilden immer einen wertvollen Bestandteil innerhalb der Pflanzenkost.

Über die Versorgung des Hundes mit Eiweiß und Kohlenhydraten hinaus muß auf jeden Fall auch an eine ausreichende Vitaminversorgung gedacht werden. Bei den Vitaminen handelt es sich um Stoffe, die der Organismus zur Aufrechterhaltung der normalen Körperfunktionen wie auch zur Abwehr von Infektionen unbedingt braucht. Über das reine Futterangebot ist die ausreichende Vitaminversorgung ganz fraglos nicht gesichert. Man muß sich also um geeignete Zusätze bemühen. Zur Vervollständigung des Vitaminangebots denke man wieder an Obst und Gemüse, Lebertran, Weizenkeimöl und auch Bierhefe. Bemüht man sich über den Tierarzt um geeignete Vitaminpräparate, dann darf man sicher sein, in dieser Hinsicht nichts versäumt zu haben. In diesem Zusammenhang sei aber besonders für die Wachstumszeit auf die ausreichende Versorgung mit Vitamin D hingewiesen, um der Rachitis, der Knochenweiche, vorzubeugen.

Mineralstoffe und Spurenelemente sind für den Aufbau des Skeletts erforderlich und an vielen Stoffwechselvorgängen entscheidend beteiligt. Um hier sicher zu gehen, können – womöglich vitaminierte – Mineralstoffpräparate zugefüttert werden. Sicherlich können Knochen die Mineralstoffversorgung ergänzen; sie sollten aber nicht überbewertet werden. Zudem muß man bedenken, daß sie stopfend wirken, was besonders beim älteren Hund zu Problemen führen kann. Unbestritten sind hingegen ihr Wert und ihre Bedeutung für die Gebißpflege und -reinigung. Gewarnt werden muß aber, wegen der Splittergefahr, vor harten Röhrenknochen von Geflügel und auch vor Kotelettknochen, die sich in der Speiseröhre festsetzen können.

Das Fertigfutter, das heute in großer Auswahl angeboten wird, wurde schon in anderem Zusammenhang erwähnt. Es ist in der Regel einfach in der Handhabung und wird im allgemeinen von den Hunden auch gut gefressen. Hierüber hört man aber durchaus unterschiedliche Meinungen und Erfahrungen, so daß hier nur der allgemeine Hinweis gegeben werden soll, man möge sich zunächst einmal nach den Fütterungshinweisen der Herstellerfirmen richten. Wichtig erscheint hier aber der alte Grundsatz:»Das Auge des Herrn füttert das Tier.«Jede Abweichung von der normalen Entwicklung, dem üblichen Aussehen, dem Freßverhalten oder der gewohnten Leistungsbereitschaft sollte peinlich genau bemerkt werden, um, wenn dies notwendig erscheint, schnell Änderung in der Fütterung vornehmen zu können.

Die Futterzeiten sind schon bei der Welpenernährung angesprochen worden. Eine dem Alter und dem Entwicklungsstand des Hundes angemessene Anzahl von Mahlzeiten, die pünktlich zu festen Zeiten angeboten werden sollten, sind ebenso wichtig wie das Futter an sich.
Bis zum Alter von $1/2$ Jahr bekommt der Hund drei Mahlzeiten – morgens, mittags und während der zweiten Hälfte des Nachmittags. Bis zum Alter von einem Jahr sollten es dann zwei Mahlzeiten sein, die Fütterung am Nachmittag kann entfallen. Hat der Hund das erste Lebensjahr vollendet, dann reicht eine Mahlzeit pro Tag aus. Diese erhält er mit Rücksicht auf seine Verdauung am späten Vormittag; zudem wird er mit vollem Magen weniger Veranlassung haben, das Mittagessen seines Herrn durch Betteln zu stören.

Es wird sich von selbst verstehen, daß man bei einem kranken und/oder alten Hund entsprechend seinem Zustand und Befinden anders verfahren muß, getragen von dem Gedanken, dem Hund zu helfen, seine alte Vitalität wiederzuerlangen bzw. solange wie möglich zu erhalten.

Jeder Hund hat seinen eigenen Napf, die Schlendrian-Familie.

Wem die Gesundheit seines Hundes am Herzen liegt, sollte es sich zum Prinzip machen, ihm niemals zwischendurch etwas zuzustecken.

Bei den Überlegungen zur Futterzusammensetzung sei an die eingangs dieses Kapitels gemachte Bemerkung erinnert, daß der Hund ein Raubtier ist. Das bedeutet, daß er einen relativ hohen Eiweißbedarf hat, gemessen an dem Eiweißbedarf anderer Tiere. Die Gesamtfuttermenge sollte demnach bestehen:

für den erwachsenen Hund
mindestens zu $1/3$ aus Eiweißträgern, davon 15–20% aus Fleisch,
für die Wachstumszeit
mindestens zu $1/2$ bis $1/3$ aus Eiweißträgern, überwiegend aus Fleisch,
für die Trächtigkeitsdauer
mindestens zu $3/4$ aus Eiweißträgern, überwiegend aus Fleisch.

Diese Angaben sind als Anhaltswerte zu verstehen, die aber bei der Zusammenstellung eigener Futterrezepte nicht unterschritten werden sollten.

Im übrigen gilt auch hier wie in der gesamten Tierhaltung, daß der Allgemeinzustand des Tieres sorgfältig beobachtet werden muß. Wird ein Hund also zu rundlich, dann muß ihm Futter abgezogen werden, dagegen muß bei größeren Leistungsanforderungen seine Ration gehaltvoller und umfangreicher werden.

Bei der Fütterung des alternden Hundes sei darauf hingewiesen, daß sein geringerer Energiebedarf und herabgesetzter Stoffwechsel einen erhöhten Eiweiß-, Mineralstoff- und Vitaminanteil in der Ration erforderlich machen. Zudem verdaut der alternde Hund im allgemeinen schlechter als der junge. Das bedeutet, daß sein Futter überwiegend aus Fleisch bestehen muß und keine schwer verdaulichen Bestandteile enthalten soll. Da auch die Verdauungstätigkeit im Alter nachläßt, ist es ratsam, dem Hund das Futter täglich in zwei kleinen Mahlzeiten — ähnlich wie in der Aufzucht — anzubieten.

Dieses Kapitel wäre unvollkommen, wenn nicht ein Wort zu der notwendigen Futtermenge gesagt würde. Wenn hier für den Bedarf als Orientierungswerte 30—65 g Feuchtfutter pro 1 kg Körpergewicht genannt werden, dann sind diese Werte als Faustzahlen zu werten. Legt man diese Angaben zugrunde, dann bedeutet das für einen erwachsenen Teckel von 6—9 kg Körpergewicht 500 g Feuchtfutter. Diese Menge muß in Abhängigkeit von der Leistung, die der Hund erbringen muß — Wachstum, Trächtigkeit, Bewegung, zum Beispiel im praktischen Jagdgebrauch —, erhöht werden. Dieser Leistungsbedarf ist nicht genau zu messen. Er kann aber bei sehr starker Beanspruchung durchaus das 3—4fache des Erhaltungsbedarfs ausmachen. In diesem Zusammenhang sei auch ein Vergleich mit uns Menschen erlaubt. Jeder kennt jene unterschiedlichen Bemerkungen:»Nein, danke, ich darf nicht mehr, ich werde zu dick«, oder eben die andere Seite:»Ich kann essen, was und soviel ich will, ich nehme nicht zu.« Ganz genauso gibt es auch bei den Hunden Vertreter, die bei knappen Futtermengen zu rundlich werden, und solche, die bei reichlichen Futterzuteilungen eher hager bleiben. Auf die Leistungsbereitschaft und Ausdauer im Jagdeinsatz hat dies dann keinen Einfluß.

An frisches Wasser sollte für den Hund immer gedacht werden. Dies um so mehr, wenn der Hund ausschließlich oder fast ausschließlich mit Trockenfutter gefüttert wird.

Hitze oder Läufigkeit der Hündin

Wer Besitzer einer Hündin ist, muß wissen, daß diese etwa alle 6 Monate heiß wird. Mit Eintritt der ersten Hitze ist die Hündin geschlechtsreif und könnte von da an Welpen zur Welt bringen.

Die erste Hitze stellt sich im Alter von ca. 7—9 Monaten ein. Sie ist an einer Schwellung des äußeren Geschlechtsteiles (Schnalle) und einer mehr oder weniger starken Blutung erkennbar. Man sagt, »die Hündin färbt«. Es gibt Hündinnen, die sehr stark färben und überall Spuren hinterlassen, wieder andere sind kaum geschwollen und färben weniger.

In dieser Zeit ist auf die Hündin besonders aufzupassen. Sie muß festgehalten werden, das heißt, sie darf nicht frei herumlaufen; denn nicht nur die Rüden kommen zur Hündin, sie selbst hat auch den Drang, einen Rüden zu suchen. Also einsperren und mit ihr nur an der Leine ausgehen, wenn man unerwünschten Nachwuchs vermeiden will. Man bedenke auch, daß Rüden in den Garten und eventuell in den Zwinger — wenn er nicht zu hoch eingezäunt ist — springen können.

Die Hitze dauert im allgemeinen ca. 3 Wochen lang, gerechnet vom ersten Tag des Färbens. In den ersten Tagen interessieren sich die Rüden noch nicht so sehr für die Hündinnen, doch vom 6. Tag an muß sehr aufgepaßt werden. In der Regel ist die Hitze am 18. Tag beendet, in Ausnahmen dauert sie länger. Man muß seine Hündin daraufhin genau beobachten.

Soll eine Hündin belegt — gedeckt — werden, so ist hierfür der 9.—13. Tag die günstigste Zeit. In dieser Phase bietet sie sich dem Rüden geradezu an. Sie dreht mit der Rute, wenn man über den Rücken streicht. Das Färben hat zu diesem Zeitpunkt bereits nachgelassen. Noch stark färbende Hündinnen sind noch nicht auf dem Höhepunkt ihrer Hitze.

Wie kann man sich vor der Belästigung fremder Rüden schützen? Die sicherste Methode ist, die Hündin einzusperren, sie nicht frei im Garten oder auf dem Hof herumlaufen zu lassen, damit sie ihren Geruch nicht weit verbreiten kann. Zum Ausgehen fährt man möglichst mit dem Auto ein Stück ins Grüne, um dort mit ihr zu laufen. Wenn dies nicht möglich ist, dann wähle man täglich den gleichen

Weg, damit die Hündin ihre Witterung nicht mehr als notwendig in alle Himmelsrichtungen verbreitet.

Es gibt im Handel Tabletten, die die Brunftwitterung verringern. Aus Erfahrung ist jedoch zu sagen, daß sie von Hündin zu Hündin unterschiedlich wirken, so daß es auf jeden Fall aufzupassen gilt. Ferner gibt es Sprays, die die Witterung mindern sollen. Sie verbreiten aber einen für Mensch und Tier so penetranten Geruch, daß die Hündin sich nur äußerst angewidert reinigt, was wiederum vermehrtes Kleckern auf ihrem Platz zur Folge hat. Während der Hitze sollte man die Hündin auf ihrem Platz und an sonst leicht zu reinigenden Stellen halten. Sie darf — auch wenn es sonst üblich ist — nicht gerade auf dem Sessel liegen.

Für den Hundehalter ist es wissenswert, daß manche Hündin in dieser Zeit ein verändertes Wesen zeigen kann, und dies nicht selten schon einige Tage vor Eintritt der eigentlichen Hitze. Dies gilt besonders für den Jäger und Führer, der seine Hündin für eine Prüfung vorbereitet hat. Oft versagen Hündinnen, die gut eingearbeitet waren, aus zunächst nicht erkennbarem Grund während einer Prüfung, wenige Tage später sind sie heiß.

Von den Jagden sind heiße Hündinnen fernzuhalten — nicht, daß die Hündin belegt werden könnte, aber sie verwirrt alle anwesenden Rüden, die dann in ihren Leistungen nachlassen und sich auch in Beißereien verwickeln können.

Die Zeit nach der Hitze, Scheinträchtigkeit

Nach Abklingen der Hitze ist die Hündin wieder ganz »normal«. Es kommt vor, daß sie etwas ruhiger wird. Man sollte darauf achten, daß sie nicht mehr frißt als üblich, denn es gibt Hündinnen, die zur Scheinträchtigkeit neigen. Je mehr diese Hündinnen fressen, um so mehr Milch produzieren sie 8 Wochen nach der Hitze, dem eigentlichen Wurftermin. Ja, scheinträchtige Hündinnen haben Milch, ohne je geworfen zu haben. Etwa 10—14 Tage nach dem eigentlichen Wurftermin ist der Milchfluß am stärksten. Die Hündin saugt sich selber ab und wird dadurch immer dicker, ein richtiger Kreislauf hat begonnen. Wird eine Scheinträchtigkeit beobachtet, so sollte man ca. 10 Tage vor dem Wurftermin das Futter reduzieren und weitere 14 Tage weniger Futter geben. Außerdem ist dem Tier viel Bewegung zu geben. Einige Hündinnen bauen sich sogar ein Nest, das heißt, sie kratzen und zupfen in ihrem Lager herum und gebärden sich, als wollten sie werfen.

Die Ansicht, man sollte eine Hündin wenigstens einmal werfen lassen, damit sie nicht scheinträchtig wird, ist nicht zu teilen. Eine Hündin, die zur Scheinträchtigkeit neigt, wird leider immer wieder in schöner Regelmäßigkeit in diesen Zustand versetzt. Die sorglose Produktion von Nachwuchs, eine Zucht ohne Plan und Verantwortung für die Welpen, löst das Problem nicht. Man wende sich statt dessen an einen Hundezüchter, um die Hündin im Bedarfsfalle als Amme zur Verfügung zu stellen. Es gibt Hündinnen, die, ohne daß sie jemals einen Wurf zur Welt gebracht haben, als Amme fremde, mutterlose Welpen aufziehen. Sie sind meist geradezu beispielhaft fürsorgliche Mütter.

Zum Glück betrifft das Problem der Scheinträchtigkeit eine große Zahl von Hündinnen nicht, so daß ihre Besitzer von daher keine Schwierigkeiten haben.

Das Sterilisieren

Die Sterilisation ist bei Hunden wesentlich weniger verbreitet als z. B. bei Katzen. Ich würde es, so kein zwingender Grund aus medizinischer Sicht vorliegt, nicht empfehlen. Das Wesen des Hundes wird doch verändert. Wenn eine Sterilisation durchgeführt wird, so sind es wohl in den meisten Fällen die Hündinnen, die als wenig beaufsichtigte Tiere in schöner Regelmäßigkeit alle 6 Monate Welpen bringen, oder auch Hündinnen, deren Besitzer die lästige Zeit der Hitze scheuen. Hierfür gibt es Injektionen, die die Hitze verhindern.

Wird eine Sterilisation gewünscht oder nötig, so ist ein Tierarzt aufzusuchen, der mit Hunden und auf diesem Gebiet Erfahrung hat.

Ausbildung zur Jagd

Zu Beginn dieses Kapitels sei noch einmal daran erinnert, daß jeder Teckel ein Individualist ist und man deswegen nicht alle Teckel mit der gleichen Methode und dem gleichen Erfolg ausbilden kann. Der Ausbilder sollte deshalb mit guter Beobachtungsgabe und viel Fingerspitzengefühl an seine Aufgabe herangehen. Vor allem darf er nicht die Geduld verlieren, Selbstbeherrschung ist auch hier die wichtigste Voraussetzung. Wer diese Eigenschaften nicht hat, sollte lieber die Finger vom Teckel und seiner Ausbildung lassen.

Die Ausbildung zum Jagdhund baut auf der Stubendressur auf, die der Teckel im Junghundalter spielend erlernt hat (siehe Kapitel Erziehung).

Der Teckel ist kein Apportierhund: dafür sind sogenannte »Hohe Hunde« zu verwenden. Von einem Teckel kann das Apportieren nicht verlangt werden. Er ist zu klein dafür, es ist nicht seine Aufgabe. Es gibt aber unter ihnen eine Vielzahl, die dieses passioniert tun, soweit das Wild nicht zu schwer für sie ist. Beispielsweise ist ein Hase zu schwer für einen Normalteckel. Durch wiederholtes Ablegen und Nachfassen wird das Wild unnötig beschädigt.

Alle Übungen sind sorgsam und ohne übertriebenen Ehrgeiz oder Hast durchzuführen, nur dann lernt der Teckel leicht und sicher das Verhalten im Revier. Für jede gebrachte Leistung muß der Führer auch hier ein gutes, lobendes Wort für seinen Hund finden. Nichts ist selbstverständlich!

Verhalten im Revier

Geht der Jäger ins Revier und nimmt seinen Teckel mit, was er schon mit dem ganz jungen Hund tun sollte, so führt er ihn an der Leine auf seiner linken Seite. Ohne zu zerren, geht der Teckel »bei Fuß«. Das ist das Ziel, doch diese Führigkeit muß geübt werden, damit der Jäger wirklich pirschen kann, ohne von seinem Hund im entscheidenden Moment gestört zu werden. Sollte er zu sehr an der Leine zerren, so muß man ihm einmal einen Ruck geben und energisch »kurz«

Gehorchen kann jeder Teckel, er muß es nur gelernt haben.
»Charly vom Wensenbalken« wartet bis Herrchen kommt.

oder »bei Fuß« sagen; sehr schnell begreift der Teckel, was er darf. Wie das An-der-Leine-Gehen gehört auch das Ruhigverhalten, wenn der Jäger stehenbleibt, zu den Verhaltensregeln auf einem Pirschgang. Der Hund soll dann, wie der Herr, stehen, ohne hin und her zu zerren oder gar beim Eräugen von Wild laut zu werden. Auch dies ist nur durch Erfahrung und Übung zu lernen, und am besten gelingt es, wenn der Hund auf einer Jacke oder dem Rucksack – auf jeden Fall aber einem Gegenstand seines Besitzers – abgelegt wird. Mit den Worten »Platz« oder »Sitz« oder ähnlichen, jedoch kurzen, befehlenden Worten gibt man dem Hund das Kommando, auf diesem Platz zu bleiben. Zunächst verweilt der Führer bei dem Hund, um ihn an die Aufgabe und einen solchen Platz zu gewöhnen. Beim Ansitz zum Beispiel ist die beste Gelegenheit dafür gegeben. Einen Teckel kann man gut mit auf den Hochsitz nehmen und ihn so bei sich und unter Aufsicht haben. Er selbst wird es dort schön und interessant finden.

Später übt man das »Abliegen«, indem der Hund wie beschrieben seinen Platz zugewiesen bekommt. Nun aber entfernt sich der Führer, und der Hund muß auf seinem Platz bleiben und, ohne zu winseln, auf seinen Herrn warten. Zu Beginn läßt man den Hund nur kürzere Zeiten allein abliegen, langsam wird dann die Dauer verlängert.

Ein Teckel muß, wie jeder Jagdhund, schußfest sein. Das bedeutet, daß ein Hund, wenn ein Schuß abgegeben wird, nicht vor Angst davonläuft. Schußscheue Hunde sind für die Jagd unbrauchbar. Um festzustellen, ob der Teckel diese Eigenschaft besitzt, legt man ihn ab oder hat ihn an der Umhängeleine neben sich. Dann wird ein Schuß aus einer Flinte abgegeben und das Verhalten des Hundes beobachtet. Die meisten Hunde bleiben ruhig sitzen und reagieren nicht auf den Knall. Zerrt ein Hund an der Leine oder läuft davon, so gilt es noch zu prüfen, ob er jedesmal dieses Verhalten zeigt und somit schußscheu ist oder ob es zunächst einfach Unerfahrenheit war, was seine Reaktion auslöste. Bei diesem Verfahren ist – und dies besonders bei sensiblen Hunden – behutsam vorzugehen, so darf zum Beispiel nicht unmittelbar über den Hund hinweggeschossen werden.
Erfahrene Jagdhunde verbinden mit dem Schuß die gefallene Beute, sie preschen nach dem Schuß los, um das geschossene Stück Wild aufzufinden. Solche Hunde nennt man schußhitzig.

Bei den Teckeln, die als Jagdhunde verwendet werden, gibt es solche, die vielseitig einzusetzen sind, und andere, die man als ausgesprochene Spezialisten bezeichnen kann. Jeder Hund muß deshalb in seinen Anlagen erkannt und ihnen entsprechend eingesetzt und gefördert werden. Es gibt zum Beispiel Teckel, die sich besonders zur Nachsuche eignen, andere wieder sind passionierte Stöberer, die weniger gute oder gar keine Schweißarbeit leisten. Vom Jäger und Führer sollten die Leistungsgrenzen eines Teckels sehr nüchtern erkannt und beherzigt werden, damit das Tier nicht überfordert und in Gefahr gebracht wird.

Spurlaut

Von der Veranlagung her ist der Jagdteckel spurlaut, das heißt, ohne das Wild gesehen zu haben, hält er die warme Spur oder Fährte und folgt ihr lautgebend. Je sicherer und weiter er sie verfolgt, desto feiner sind seine Nase und sein Vorwärtsdrang ausgeprägt.

In diesem Zusammenhang sei kurz geschildert, wie ein Teckel für die Spurlautprüfung vorbereitet wird. Voraussetzung ist ein übersichtliches Feldrevier, in dem Hasen vorkommen. Der Führer geht mit dem Hund auf dem Arm oder an der Leine über das Feld. Geht ein Hase hoch, so merkt der Führer sich die Stelle und setzt den Hund, der den Hasen nicht gesehen haben darf, dort an und läßt ihn die Spur suchen. Hat der Hund die Spur aufgenommen, so wird er geschnallt, das heißt, er wird ohne Halsung frei laufen gelassen. Mit den Worten »such-such« wird er zum Suchen ermuntert. In diesem Zusammenhang sei noch einmal betont, daß ein Teckel aus Sicherheitsgründen grundsätzlich immer ohne Halsung freigelassen werden muß.

Ein junger, unerfahrener Hund wird zunächst auf der Spur »herumbuchstabieren«, langsam wird er sicherer und läuft schneller auf ihr davon. Häufig kommt zunächst nur ein kurzer Laut hervor, bis dann plötzlich der volle Laut da ist und der Hund lauthals der Spur folgt. Im allgemeinen kommt der Teckel an die Stelle, an der er geschnallt wurde, wieder zurück. Er bricht die Arbeit ab, wenn die Spur kalt wird. Das kann – je nach Nase und Passion – unterschiedlich lange dauern. Es gibt Hunde, die relativ schnell zurückkommen, und andere, die sehr weit gehen. Der Führer sollte immer an der Stelle stehenbleiben, an der er seinen Hund angesetzt hat. Denn, wie schon gesagt, die Hunde kommen in der Regel auf ihrer eigenen Spur zurück.

Es gibt Hunde, die nicht sofort laut sind; hier muß man Geduld haben und einige Male üben, was bei schwachem Hasenbesatz oft recht beschwerlich ist. Sollte ein Teckel zu Beginn der Übung noch nicht wissen, was er mit der Spur und der Witterung anzufangen hat, so kann ihm einmal ein Hase gezeigt werden. Häufig geht er diesem Hasen sichtlaut (er sieht ihn und gibt Laut) nach und hat damit begriffen, was er soll. Beim nächsten Hasen läßt er dann eventuell schon den gewünschten Spurlaut vernehmen.

Wie schon anfangs erwähnt, ist der Spurlaut eine Veranlagung. Durch wiederholtes Üben läßt sie sich wecken und fördern. Fehlende Spurlautveranlagung ist jedoch nicht zu beheben. Dies schließt aber nicht aus, daß der Teckel mit einer guten Nase ausgestattet ist und auf der Wundfährte zufriedenstellende Arbeit leisten kann.

Stöbern

Beim Aufstöbern von Wild, einer weiteren Aufgabe des Jagdhundes, wird er vom Rand der zu durchstöbernden Parzelle aus ohne Halsung mit der Aufmunterung »such-such« in die Dickung geschickt, oder der Führer geht mit dem Hund gemeinsam durch die Dickung. Der Teckel soll die Parzelle durchsuchen und darin befindliches Wild aufstöbern und lauthals verfolgen. Der erfahrene Führer, der seinen Hund kennt, wird am Laut seines Hundes nicht nur die Richtung heraushören, sondern sogar die gefundene Wildart erkennen.

Auch diese Arbeit muß mit dem Teckel zunächst intensiv geübt werden; er muß lernen, die Waldparzelle weiträumig zu durchsuchen, ohne zu überjagen, das heißt, daß er die Grenzen des Jagens erkennt und seine Arbeit nicht in den benachbarten Parzellen unbeobachtet fortsetzt, sondern zu seinem Herrn zurückkehrt.

Seinen Herrn zu finden, sollte deshalb schon der junge Hund üben. Das kann schon im Haus und Garten spielend gefördert werden. Der Führer oder ein anderes Familienmitglied versteckt sich und ruft dann den Hund, der den Rufenden nur hören, aber nicht sehen kann. Der Hund ist jetzt auf seine Nase angewiesen und wird mit ihrer Hilfe hoffentlich schnell den Gesuchten finden.

Sehr gut kann das Suchen beim Spazierengehen geübt werden. Wenn der Hund frei läuft, dabei hinterherbummelt oder vorausgelaufen ist, versteckt man sich hinter einem Baum oder Strauch. Sehr bald wird der Hund bemerken, daß sein Begleiter nicht mehr da ist. Er beginnt zu suchen, nimmt die Nase an den Boden und findet in der Regel sehr schnell die Spur, was, wie immer, mit Lob zu quittieren ist. Ist dieses Fach gut geübt, wird man auf Jagden weniger Sorge um seinen Hund haben müssen.

Erfahrene Stöberhunde erkennen beim Jagen die Schützenkette, kehren bei dieser um und laufen in das Treiben zurück, denn einmal herausgebrachtes Wild darf nicht weiterverfolgt werden. Hunde dürfen das Wild nicht weiterverfolgen, da die Nachbarparzelle nicht durchstöbert werden soll und die Reviergrenzen nicht überschritten werden dürfen. Sehr genau wissen diese Hunde auch, wenn das Treiben beendet ist, sie hören das Abblasen mit den Jagdhörnern und finden sich bald am Sammelplatz ein. Das Reagieren auf das Jagdhorn kann ebenfalls geübt werden. Einen unerfahrenen, jungen Hund nehme man zunächst beim Stöbern durch die Dickung an der Leine mit, was manchmal nicht ganz einfach ist, doch lernt der Hund auf diese Weise gut die Atmosphäre der Drückjagd, bei der das Wild aus der Dickung herausgetrieben wird, kennen. In übersichtlichem Gelände kann man den jungen Teckel schon einmal schnallen. Hat der Hund einige Male eine solche Jagd miterlebt, erkennt er, welche Rolle er dabei spielen soll.

Mit gut stöbernden Hunden ist ein Teckelbesitzer gerne auf Drückjagden gesehen, ja, ein Jäger wird häufig seines guten Jagdteckels wegen zur Jagd eingeladen.

Schweißarbeit

Die Schweißarbeit, das Nachsuchen von krankgeschossenem Wild, ist dem Teckel als weitere Aufgabe zu übertragen. Er eignet sich ja besonders gut für die Nachsuche, da er mit seiner Nase tief über dem Boden und mit seinen kurzen Läufen nicht so schnell ist. Das hat den Vorteil einer gründlichen, ruhigen Suche. Aber gerade diese Disziplin muß mit dem Hund geübt werden, denn hier kommt es auf die gute Zusammenarbeit mit dem Führer an. Nicht jeder Teckel eignet sich als Schweißhund. Ein sehr temperamentvoller, harter Hund wird eher ein guter Stöberer sein. Voraussetzungen für den Schweißteckel sind ein ruhiges Temperament, Passion und Finderwille sowie Intelligenz. Sind diese Eigenschaften vorhanden, so ist der Hund auch leichtführig und kann bei richtiger Einarbeitung vorzügliche Leistungen erbringen.

Wie man einen Teckel auf der Wundfährte einübt, darüber ist schon viel geschrieben worden; in diesem Rahmen können nur kurze Hinweise gegeben werden.

Ist der Führer und Besitzer des Teckels Jäger, dann sollte er jede Gelegenheit, mit seinem Hund zu üben, auch so früh wie möglich nutzen, das heißt ab einem Alter von etwa 6–8 Monaten. Hat er zum Beispiel ein Stück Wild erlegt, dann sollte er seinem Hund auch die Möglichkeit einer Nachsuche geben. Wenn das Stück im Feuer liegt (im Schuß zusammenbricht), kann er es eine kurze Strecke schleppen (weiterziehen), um den jungen Hund diese Schleppe arbeiten zu lassen. Sind es auch nur kurze Strecken, die der Teckel arbeitet, so hat er doch am Ende das Stück Wild gefunden und weiß nun, daß dies von ihm verlangt wurde. Dieses Erfolgserlebnis, das Stück Wild, »seinen Bock« gefunden zu haben, wird sich dem passionierten Hund einprägen und weitere Erfolge ermöglichen.

In den wenigsten Fällen hat man Gelegenheit, einen Hund auf der natürlichen Wundfährte einzuarbeiten. Hier muß man mit der künstlichen Rot- oder Wundfährte beginnen. Es gibt zwei Möglichkeiten, den Schweiß (Blut) zu legen: das Tropfen und das Tupfen. Wichtig ist, daß bei beiden Methoden der Schweiß in gleichmäßigen Abständen verteilt wird. Für den Fährtenverlauf wählt man am besten Wald mit wechselndem Unterwuchs. Die Fährte kann auch durch ein Stück Weide verlaufen, denn oft wird Wild auf Wiesen und Feldern beschossen. In jedem Fall muß der Führer beim Üben den Fährtenverlauf genau kennen, damit er den Hund rechtzeitig korrigieren kann. Deswegen muß die Fährte ausgezeichnet werden, das heißt, der Führer markiert sie für sich deutlich sichtbar mit Papierschnipseln oder Kreidestrichen an Bäumen.

Bei einem jungen Hund beginnt man mit einer 400—500 m langen Fährte, die aus Wildschweiß oder einem Gemisch aus Wildschweiß und Rinderblut besteht und etwa 6—7 Stunden alt ist. Die nächste Fährte ist bereits eine Übernachtfährte (die am Vortag gelegt wurde) und etwa 800—1000 m lang; trotz der Erschwernis sind auch hierbei von Anfang an recht gute Ergebnisse zu erzielen. Die Witterung des Schweißes fasziniert den Hund, und Verleitfährten sind ihm noch weitgehend unbekannt.

Der Teckel wird einige Meter vor dem Anschuß (an dem das Wild beschossen wurde) abgelegt, das ist für die Einstellung der nun folgenden Aufgabe wichtig. Mit Ruhe muß der Teckel an die Arbeit gehen und sie auch bei der Suche bewahren können. Nach dem Abliegen wird er an den Anschuß getragen; dort legt man ihm die breite Lederschweißhalsung mit dem 8 m langen Schweißriemen um. Der Schweißriemen wird abgedockt (abgewickelt). Während der Zeit hat der Teckel die Möglichkeit, den Anschuß zu untersuchen und die Wundwitterung aufzunehmen. Ist die Vorbereitung beendet, wird der Hund mit den Worten »Such verwund« oder nur »Verwund« zur Suche aufgefordert. Die Worte sollen ruhig, ja, beruhigend gesprochen werden. Sucht der Teckel richtig, verweist er Schweiß, indem er mit seiner Nase besonders intensiv auf den Boden tupft, so sollte er entsprechend gelobt werden; denn ein Schweiß- und Wundwitterung verweisender Teckel ist bei der Naturnachsuche eine zusätzliche Hilfe, eine Bestätigung häufig, daß er auf der richtigen Fährte ist. Bringt also der Teckel diese Eigenschaften von der Veranlagung her mit, so gilt es, sie auf alle Fälle zu erhalten und zu fördern.

Am Ende einer jeden Fährte muß für den Teckel etwas sehr Reizvolles liegen, worüber er sich freut, der Lohn für seine Suche. Nur so kann man den Finderwillen festigen und fördern. Eine Fährte ohne irgendein Ergebnis am Ende ist sinnlos, da der Teckel nicht begreift, was und wozu er suchen sollte.

Am Ende einer Fährte ist natürlich ein frisch geschossenes Stück Wild wie Reh, Hase oder Kaninchen am besten, doch daran mangelt es in den meisten Fällen. Eine Rehdecke tut es auch. Es gibt Teckel, die einen ausgeprägten Finderwillen haben und sich am Ziel über alles freuen, anderen, mit wenig Drang nach vorn, ist das ausgelegte Stück gleichgültig. Hier gilt es zu überlegen, womit man das Interesse des Hundes wecken kann. Als Attrappe bietet sich zum Beispiel ein »Papierbock« an, eine mit Zeitungspapier ausgestopfte und wieder zugenähte Rehdecke. Diese Attrappe wird von einigen Teckeln sehr gut und gerne angenommen, sie zausen und schütteln an dem Bock. Andere wieder ignorieren ihn. Man kann zusätzlich über diese Bockattrappe eine frisch eingefrorene, dann

Stolz bewacht Wastel seinen Bock.

wieder aufgetaute Rehdecke legen, um neben der ähnlichen Form auch die Witterung einzusetzen. Eine Rehdecke kann man mehrmals verwenden, wenn sie sofort wieder eingefroren wird. Ebenso kann man mit einem Hasen oder Kaninchen verfahren. Ist der Teckel ein guter Fresser, kann ihm am Ende eine Fleisch- oder Futterportion gereicht werden, wie ohnehin der Leckerbissen nach geleisteter Arbeit nicht vergessen werden darf. Er ist auch bei der Natursuche üblich, indem der Hund am Ende etwas vom Aufbruch des Wildes erhält.

Über die Zahl der notwendigen Übungen läßt sich keine verbindliche Auskunft geben; der eine Hund geht bereits nach wenigen Fährten gut und sicher, der andere braucht längere Zeit. Man vermeide jedoch, seinen Teckel zu überüben, das heißt, die Fährtenarbeit in sehr kurzen Abständen – wenigen Tagen – zu wiederholen, der Hund wird überdrüssig. Eine Übungsfährte je Woche ist zu empfehlen. Abschließend sei gesagt, daß die Schweißarbeit wohl die Krönung der Gebrauchsarbeit mit dem Teckel ist. Sie ist aber auch die arbeitsaufwendigste Abrichtung und erfordert vom Führer die größte Selbstbeherrschung und das feinste Fingerspitzengefühl. Doch gibt es nichts Schöneres, als mit einem gut eingearbeiteten, sicheren Teckel erfolgreich Nachsuchen zu machen. Nach mühevollem Durchkriechen von Dickungen und schier undurchdringlichem Gelände, gepeinigt von aufkommenden Zweifeln und Zweiflern am Dickungsrand, plötzlich am Wild zu sein! Ein solcher Erfolg ist Lohn für alle aufgewendete Mühe. Ein Dank an den Hund und die beglückende Bestätigung, daß er doch wieder recht hatte.

Bauarbeit

Die Bauarbeit ist des Teckels ureigene Sache, die nur er und der Jagdterrier beherrschen. Sein Mut, sein Eigenwille und seine Wendigkeit prädestinieren ihn zum Bauhund, doch sind auch hier wieder Einschränkungen zu machen. Der Teckel darf nicht zu groß und stark gebaut sein, da der Fuchsbau häufig steile und enge Stellen aufweist, die für einen zu starken Hund ein unüberwindliches Hindernis sein können. Es gibt aber auch Teckel, denen es an Schärfe und Mut für diese Arbeit fehlt.

Bevor der Teckel für die Bauarbeit abgerichtet wird, muß er ausgewachsen, in vollem Besitz seiner Kräfte sein und ganz durchgezahnt haben. Er wird zweckmäßigerweise zunächst am Kunstbau eingearbeitet, um sich dort die ersten Erfahrungen mit dem Fuchs zu holen. Einen völlig unerfahrenen, jungen Teckel in den Naturbau zu lassen, ist verantwortungslos. Es gibt über die ganze Bundesrepublik verstreut Kunstbaue, an denen unter fachkundiger Aufsicht die Übung stattfindet. (Die örtlichen Gruppen des Deutschen Teckelklubs informieren darüber.) Der Teckel übt das Schliefen (Einfahren in die dunkle Röhre), bis er den sicher abgeschobenen Fuchs gefunden hat und ihn verbellt. (Hund und Raubwild sind durch ein Metallgitter getrennt.) Der Teckel lernt dabei das Suchen im Bau, das Überwinden von Engstellen und Hindernissen, wie Steilstellen und Sandhaufen. Er lernt das Verfolgen des Raubwildes und das Vorliegen. Hat der Teckel all diese Möglichkeiten erlebt und erlernt und zeigt Mut, dann kann dieser Hund für die Naturarbeit eingesetzt werden. Die richtige Erfahrung bekommt er ohnehin erst beim praktischen Jagdeinsatz.

Die Baujagd findet in den meisten Fällen im Winter statt, besonders wenn eine »Neue«, das heißt Neuschnee, gefallen ist. Der Jäger fährtet am Morgen die ihm bekannten Baue ab, um festzustellen, welcher befahren (bewohnt) ist. Zu diesem begeben sich die Jäger und der Teckelführer so geräuschlos wie möglich und stellen sich so auf, daß die Röhren des Baues gut zu beobachten sind und sie selbst ein freies Schußfeld haben. Disziplin und absolute Ruhe sind dabei geboten, da Füchse ein sehr feines Gehör haben und das Angehen der Jäger früh wahrnehmen können. Nicht selten springt ein Fuchs aus dem Bau, bevor die Jäger überhaupt zum Schuß bereit sind, oder er ist gewarnt und verklüftet (vergräbt) sich. Bei einem großen Bau hat der Hund wenig Chancen, den Fuchs zu sprengen, dieser weiß nämlich schon, was ihm draußen blüht, wenn er die Menschen wahrgenommen hat.

Haben die Jäger ihren Stand eingenommen, wird der Teckel in den Bau geschickt. Der Führer weist ihm die Röhre, die die stärkste Witterung hat, zum Schliefen an. Erfahrene Teckel suchen sich diese Röhre allein. Der Hund verschwindet im Bau, und für die Jäger beginnt das Warten. Findet der Teckel den Fuchs, so gibt er Laut und verfolgt ihn lauthals. Ist der Bau nicht groß und tief, kann man am Laut des Teckels recht gut hören, ob er den Fuchs treibt oder ihn gestellt hat. Bei einem sehr großen Bau ist es dagegen schwierig auszumachen, was und wo sich etwas tut. Typische Sprengerteckel versuchen, durch Unruhe im Bau den Fuchs zum Springen zu bringen. Sie verbellen ihn eine Weile, wechseln dann die Röhre und versuchen, von einer anderen Seite an ihn heranzukommen. Oft nutzt der Fuchs diese Zeit des Wechselns zum Springen. Der Jäger muß daher den Bau ständig im Auge haben, denn das Kommen des Fuchses ist nicht zu hören. Wie ein roter Pfeil huscht er in die Freiheit, und der Jäger hat nicht selten das Nachsehen! Die meisten Füchse kommen, wenn der Hund nicht unmittelbar folgt, sehr vorsichtig an den Ausgang der Röhre, sichern zunächst und springen dann.

Ist der Hund hinter dem Fuchs und treibt diesen, so kann oben auf dem Bau recht gut verfolgt werden, wo sich Hund und Fuchs befinden. Die Jäger werden sich jetzt darauf konzentrieren, den Fuchs vom Hund zu unterscheiden und nur dann zu schießen, wenn der nachfolgende Hund nicht gefährdet ist. Es passiert immer wieder, daß ein Hund bei einer Baujagd erschossen wird. Vor allem sind hier rote Teckel gefährdet und deswegen allen teilnehmenden Jägern vor der Jagd zu zeigen.

Die zweite Möglichkeit, an den Fuchs heranzukommen, ist das Graben. Der Teckel hat den Fuchs im Bau gestellt, oder dieser hat sich verklüftet. Der Fuchs springt nicht, und der Teckel liegt dicht davor. Hier ist die Stelle durch Abhören auszumachen und dann ein »Einschlag« vorzunehmen, das heißt, der Bau wird an der Stelle aufgegraben, bis man am Hund und Fuchs ist und letzteren erlegen kann. Beim Graben ist Vorsicht geboten, damit der Teckel nicht verletzt wird oder durch Einstürzen der Röhre in Schwierigkeiten gerät.

Problematisch wird die Baujagd, wenn Teckel und Fuchs sich verbissen haben oder der Teckel verklüftet und von ihm kein Laut zu hören ist. In solchen Fällen werden mancher Kubikmeter Erde bewegt und viele Stunden harte Arbeit geleistet, wobei manchmal die Hilfe zu spät kommt. Man kann dieses Risiko mindern, indem man nur erfahrene Teckel in den Bau läßt, niemals aber zwei oder mehrere Teckel, die sich nicht sehr gut kennen. Ausnahmen bilden solche, die zusammen eingejagt worden sind, das ist aber selten. Es sind nicht zu scharfe Teckel für die Baujagd zu verwenden – jene, die ohne Ausnahme alles fassen und würgen; denn der zu scharfe Hund bringt dem Jäger nur die Arbeit mit der Schippe, dem Spaten und der Axt. Für die Baujagd eignen sich nur durchtrainierte, gesunde, drahtige Teckel.

Eine Selbstverständlichkeit ist, daß ein Teckel immer ohne Halsung in den Bau geschickt wird. In den Röhren sind Wurzeln und Steine, an denen er mit einer Halsung hängen bleiben kann.

Was wird bei der Bauarbeit gebraucht? Es müssen Spaten, Schippe, Hacke und Axt sowie eine Taschenlampe mitgeführt werden. Voraussetzung ist, der Bau ist zu graben und liegt nicht im Felsgestein. Bei einem Felsenbau ist wohl besser auf die Arbeit mit einem Hund zu verzichten. Hier ist eine Ansitzjagd angebracht. (Ein Jäger setzt sich an einer von ihm ausgewählten Stelle im Revier an, um dort auf Wild zu warten.)

Bleibt ein Teckel unverhältnismäßig lange im Bau, ist guter Rat teuer, vor allem, wenn kein Laut von ihm zu hören ist. Es ist möglich, daß der Hund sich einmal ausruht, wenn die Arbeit bislang hart war. Er kann aber auch so tief unter der Erde sein, daß ein Laut oder das Buddeln nicht hörbar sind, oder er ist verklüftet. Erscheint ein Graben nicht angebracht, bleibt nichts anderes übrig, als zu warten. Ein Führer, der in der Nacht nicht am Bau bleiben kann, legt Decken und Mäntel aus und kontrolliert beides in wenigen Stunden Abstand. Im Bau ist es nämlich trotz Winterkälte verhältnismäßig warm, so daß der Hund, bleibt er darin, nicht erfriert. Es sind Fälle bekannt, bei denen Teckel noch nach mehreren Tagen wieder herauskamen.

Kaninchensprengen

Im Verhältnis zu früher gibt es heute nur noch wenig jagdlich gute Kaninchen- und Zwergteckel, die ihrer eigentlichen Aufgabe, der Kaninchenjagd, gerecht werden können.

Bei dieser Art von Jagd werden die Teckel in einen Kaninchenbau geschickt und sollen – ähnlich wie beim Fuchsbau – die Kaninchen zum Verlassen des Baues bringen. Darüber hinaus haben die Hunde angeschossene oder frisch verendete Kaninchen aus dem Bau herauszuziehen.

Für Kaninchen- und Zwergteckel gibt es eine besondere Prüfung, bei der sie eine Schleppe von 250 m am Riemen arbeiten und dann ein Kaninchen aus einem Bau ziehen müssen. Nicht unerwähnt bleiben darf, daß es einige Zwergteckel gibt, die sich auf allen großen Prüfungen mit gutem Erfolg gezeigt haben.

Jagdgebrauchsprüfungen

Hier die einzelnen Prüfungen, die vom DTK durchgeführt werden. Diese sind vom Jagdgebrauchshundeverband anerkannt. Internationale Prüfungen sind vom VDH geschützt. Die *Spurlautprüfung* ist eine reine Anlagenprüfung, bei der der Teckel seinen Spurlaut zeigen muß. Auf einer noch warmen Hasenspur in übersichtlichem Gelände hat er, ohne den Hasen gesehen zu haben, die Spur lautgebend zu arbeiten. Je weiter, desto besser. Nach bestandener Prüfung erhält der Teckel in seine Ahnentafel das Leistungszeichen »Sp.« eingetragen.

Schweißprüfung. Auf einer 1000–1200 m langen Übernachtfährte, die mit reinem Wildschweiß oder einem Wildschweiß-Rinderblutgemisch getropft oder getupft ist und drei rechtwinklige Haken im Fährtenverlauf haben muß, hat der Teckel an einem 6–8 m langen Schweißriemen zu arbeiten. Er darf sich bei der Suche nicht durch sogenannte Verleitfährten, die von anderem Wild im Verlauf der Nacht verursacht wurden, von der ihm gestellten Aufgabe »verleiten« lassen. Er muß bis zu dem am Ende der Fährte liegenden Stück sicher und zügig suchen, ohne jedoch zu rasen. Diese Aufgabe verlangt eine gute Zusammenarbeit zwischen dem Teckel und seinem Führer. Vom Teckel und seinem Führer wird höchste Konzentration verlangt. Eine Suche ist anstrengend. Das Leistungszeichen »SchwhK« wird eingetragen.

Die Stöberprüfung. Bei dieser Prüfung wird der Teckel zunächst auf seinen Gehorsam geprüft. Er muß an der Leine oder frei bei Fuß gehen und hat stehenzubleiben, wenn es der Führer auch tut. Die zweite Aufgabe besteht darin, daß der Teckel auf einem Rucksack, einer Jacke oder einer Decke abgelegt wird, der Führer entfernt sich vom Hund so weit, daß er ihn nicht mehr sehen kann. Nun muß der Teckel fünf Minuten lang still auf dem Platz sitzen bleiben. In dieser Zeit werden zwei Schüsse abgegeben. Die dritte Aufgabe ist das »Treiben auf dem Stand«. Führer und Teckel werden am Dickungsrand abgestellt, durch die Dickung gehen Treiber und Schützen, es wird mehrfach geschossen. Der Teckel hat ruhig bei seinem Führer zu bleiben (siehe auch Farbtafel 4).
Das eigentliche Stöbern beginnt danach. Jeweils ein Teckel wird in eine ihm zugeteilte Dickung geschickt, der Führer gibt ihm das Kommando zu suchen. Nun muß der Teckel allein die Dickung durchsuchen und das sich darin befindliche Wild »aufstöbern« und es lauthals so lange verfolgen, bis es die Dickung verläßt. Findet ein Teckel nichts, obwohl Wild vorhanden ist, kann er die Prüfung nicht bestehen. Hat er die Prüfung bestanden, erhält er das Leistungszeichen »St«.
Die Vielseitigkeitsprüfung. Bei dieser Prüfung hat der Teckel seine jagdliche Vielseitigkeit zu beweisen. Innerhalb von 1—2 Tagen werden die drei vorher beschriebenen Prüfungsfächer mit geringen Abweichungen vom Teckel verlangt. Die Schweißfährte ist bei der Vielseitigkeitsprüfung nur 600 m lang und muß mindestens zwei Stunden alt sein.
Bei dem zweiten Teil, der Stöberprüfung, muß der Hund seinen Stöberwillen zeigen, braucht jedoch kein Wild zu finden, um zu bestehen. Die Gehorsamkeitsfächer bleiben in gleicher Weise bestehen.

Der dritte Teil ist die Spurlautprüfung, die in vollem Umfang beibehalten bleibt. Zeigt der Teckel in allen drei Fächern die geforderte Leistung, so besteht er die Prüfung und erhält das Leistungszeichen »Vp«.
Kaninchenschleppe. Diese Prüfung ist den Kaninchen- und Zwergteckeln vorbehalten. Mit einem frisch geschossenen Kaninchen wird eine 250 m lange Schleppe gezogen, und das Kaninchen wird am Ende in einen Kaninchenbau gesteckt. Der Teckel muß nun 200 m lang am Schweißriemen die Schleppe suchen, die letzten 50 m hat er frei zum Bau zu suchen und dort das Kaninchen aus dem Bau zu ziehen. Das Leistungszeichen »KSchlH« wird vergeben.
Baueignungsbewertung. Diese Bewertung dient dem Zweck, die Eignung des Teckels für die Arbeit unter der Erde festzustellen. Der Teckel hat hierbei unter der Erde seinen Mut zu beweisen. Das Leistungszeichen »BhFK« wird vergeben. An Prüfungen sollten nur gesunde, auf die Prüfung gut vorbereitete Teckel teilnehmen. Es dürfte selbstverständlich sein, daß weder tragende noch säugende Hündinnen auf Prüfungen geführt werden.

Auf Zuchtschauen und Ausstellungen

Eine Zuchtschau oder Ausstellung gilt ausschließlich der Formbewertung des Teckels, hier geht es nur um die Schönheit. Zur einfachen Erklärung, welcher Unterschied zwischen einer Zuchtschau und einer Ausstellung besteht, sei folgendes gesagt: Die Zuchtschau findet regional, von den örtlichen Gruppen des Deutschen Teckelklubs aufgezogen, statt. Spezialschauen werden von den DTK-Gruppen und der Arbeitsgemeinschaft des zuständigen Landes durchgeführt. Internationale Ausstellungen dagegen werden vom VDH (Verband für das Deutsche Hundewesen) in Zusammenarbeit mit den einzelnen Rassehundeverbänden aufgezogen. Bei Zuchtschauen und Ausstellungen wird der Teckel auf zuchtausschließende Fehler, wie Gebißfehler, unkorrekte Kieferstellung und fehlende Zähne, Rutenfehler wie Knickrute, Hodenfehler und zu kurze oder abgesetzte Brust untersucht. Danach wird der Richter den Teckel in der Bewegung und im Stand bewerten. Der Teckel – ist er korrekt und entspricht dem Zuchtziel und der Norm des Deutschen Teckels – erhält einen Formwert wie: v = vorzüglich, sg. = sehr gut, gt. = gut und gd. = genügend. Der Teckel ist damit zur Zucht zugelassen.

Bei einer Spezialschau oder einer Ausstellung dagegen gelten etwas strengere Maßstäbe. Hier findet man in der Regel besseres Hundematerial. Zum Unterschied zur Zuchtschau laufen hier die Teckel einer Gruppe in Konkurrenz, das heißt, die Teckel werden rangiert: Es wird hier nur je Gruppe ein teilnehmender Teckel mit »vorzüglich« der Sieger werden.

Vorbereitungen

Ein Teckel, der auf einer Schau geführt werden soll, muß ausgewachsen, das heißt mindestens 9 Monate alt sein, voll durchgezahnt haben und vor allem in gutem Allgemeinzustand sein. Hier sei noch einmal erwähnt, daß ein Teckel bis etwa zum 9. Monat wächst, seine Entwicklung aber bis zum 18. Monat dauert. Es gibt sogenannte Frühentwickler, die mit 12 Monaten, und andere, die erst mit gut 1 1/2 Jahren voll entwickelt sind. Man sollte mit seinem Hund erst zu einer Schau gehen, wenn die Wachstums- und Entwicklungsphase abgeschlossen ist.

Zwei hübsche Langhaarteckel, die Wurfgeschwister »Pandur und Polka vom Steffelstamm«. Deutlich ist die Ähnlichkeit, besonders geschlechtstypisch sind die herrlichen Köpfe.

Rauhhaarkopf, »Finchen aus der Messestadt«.

Mit der Pflege beginnt man nicht erst wenige Tage vor dem Termin, sondern frühzeitig. Der allgemeine Futterzustand ist schon einige Wochen zuvor in Augenschein zu nehmen, das Haar muß gepflegt und blank sein. An den Zähnen darf sich kein Zahnstein befinden, die Krallen sind kurz zu halten, und der Teckel muß sich in guter Kondition befinden. Hunde, die im Haus gehalten werden und ein sauberes Lager haben, dazu gut gefüttert werden, haben eigentlich immer blankes Haar. Man kann aber hier noch 2–4mal wöchentlich mit einem Eigelb nachhelfen.

Für den *Kurzhaarteckel* ist bei der Vorbereitung für die Schau nichts zu tun, bei ihm gibt es nichts zu zupfen und zu scheren, vielleicht kann er gebürstet werden. Bei ihm kann allerdings durch geschickte Frisur auch nichts verdeckt werden. Bei den *Rauhhaarteckeln* muß das Haar überprüft und hergerichtet werden. Das alte, stumpfe Haar wird herausgezupft oder getrimmt, unter dem Bauch und an den Pfoten muß zu üppiges Haar entfernt werden. Auch an bestimmten Stellen auf dem Rücken kann zu starker Haarwuchs zu Fehleindrücken führen. Dieses Frisieren darf aber nicht erst wenige Tage vor der Schau erfolgen, sondern mindestens 14 Tage vorher.

Farbtafel 4: Hundeprüfung

Der *Langhaarteckel* muß ohnehin regelmäßig gebürstet werden, besonders aber vor einer Schau. Bei ihm wird nur das zu üppige Haar an den Pfoten und zwischen den Zehen geschnitten. Die Pfote darf nicht zugewachsen, sondern muß klar erkennbar sein.

Vorführung

Beim Besuch einer Ausstellung oder einer Schau hat die Ringdressur, das heißt, das Benehmen und Sichzeigen im und am Vorführring besondere Bedeutung. Das Benehmen beginnt schon beim Warten, bis der Führer mit seinem Teckel an der Reihe ist. Hier hat der Hund sich ruhig zu verhalten, er darf nicht nach allen Seiten um sich bellen und beißen. Bei der eigentlichen Vorführung muß der Teckel sich zunächst vom Richter auf zuchtausschließende Fehler untersuchen lassen. Der erste Blick gilt dem Gebiß. Hierbei wird dem Hund der Fang geöffnet, damit alle Zähne begutachtet werden können. Der Griff sollte vorher geübt werden, damit der Teckel weiß, daß ihm weiter nichts passiert. Ferner wird die Brustlinie befühlt, denn eine zu kurz aufgerippte oder eine abgesetzte Brust sind als Fehler zu werten. Bei Rüden wird kontrolliert, ob beide Hoden vorhanden sind. Zuletzt wird die Rute geprüft, denn Mängel wie Knickrute oder Verknorpelungen führen zum Zuchtverbot, da solche Deformationen erblich sind. Das Anfassen durch den Richter muß der Teckel, der auf einem Tisch steht, ruhig über sich ergehen lassen.

Danach wird der Hund im Ring gezeigt und vom Richter in der Bewegung und im Stand beurteilt. Erwartet wird ein flottes, gerades Laufen, wobei der Teckel sich immer links vom Führer und an der Innenseite des Ringes zu bewegen hat. Ein korrekter Stand, wobei der Teckel auf allen 4 Beinen gerade stehen muß, ist nur auf ebener Fläche möglich. Vermittelt der Hund keinen guten Eindruck, so korrigiert man dies, indem man mit ihm ein bis mehrere Schritte weitergeht. Bei großen Schauen mit starker Konkurrenz kann ein richtiger Stand entscheidend sein.

Ein Teckel, der sich nicht richtig zeigt, wird auch vom Richter eine Note erhalten, die unter seinem eigentlichen Wert stehen kann. Wenn man mit einem Teckel eine Ausstellung besuchen möchte, übe man deshalb das Gehen und Stehen sehr gründlich, passe sein Lauftempo dem des Hundes an, das heißt, man beobachte genau, bei welchem Tempo der Hund sich am besten zeigt. Man rede auch beim Vorführen mit ihm, um ihn zu beruhigen.

Man gehe am Zielort viel mit ihm spazieren und gebe ihm das Gefühl, ganz für ihn dazusein. Er muß sich akklimatisieren können.

Das Stehen kann manchmal Schwierigkeiten bereiten. Es gibt Teckel, die sich beim Halten gleich setzen und zum Stehen nur kommen, wenn man ihnen zuredet oder sie auf etwas aufmerksam macht. Man vermeide es, den Teckel an der Leine hochzuziehen, um ihn dann langsam auf die Vorderbeine zu stellen. Für einen Hund mit einer geringen Schwäche in der Vorderhand mag das gut sein; es ist aber einfach unschön, wenn dem Teckel der Hals hochgezogen wird. Die meisten Teckel tragen nämlich den Kopf von Natur aus richtig.

Auf großen internationalen Ausstellungen sind für die Hunde Boxen oder Käfige vorgesehen, in denen sie sich aufhalten sollen, wenn sie nicht am Ring sind. Damit wird es den Besuchern einer solchen Ausstellung ermöglicht, die Tiere in Muße zu betrachten, denn häufig stehen um den Vorführring so viele Zuschauer, daß kaum ein Blick frei ist. Der Hundebesitzer sollte deshalb, wenn der Teckel in den Käfig gesetzt wird, immer eine weiche, wärmende Unterlage mitnehmen und diese auf den Boden legen. Aus zwei Gründen ist dies wichtig: erstens ist es im Herbst und Winter oft kalt und zugig, zweitens sind die Käfige zuvor benutzt, womöglich aber nur mangelhaft gereinigt worden. Die eigene Unterlage kann man säubern und desinfizieren, eventuell auch fortwerfen.

Ist der Teckel im Käfig, so hat der Führer selbst oder eine vertrauenswürdige Person beim Hund zu bleiben. Man lasse ihn nie unbeobachtet! Angebracht ist auch ein kleines Vorhängeschloß, mit dem der Käfig zusätzlich abgeschlossen werden kann. Für das Warten am Ring empfiehlt es sich aus Gründen der Hygiene, eine Decke oder eine Teppichfliese mitzunehmen; die Teckel liegen in der Regel still bei ihrem Führer, bis ihr Auftritt kommt.

Auch nach der Ausstellung sind Hygieneregeln zu beachten. Bei der Rückkehr und noch vor Betreten der eigenen Wohnung sind eine Reinigung und Desinfektion von Mensch und Tier nicht zu versäumen, besonders dann nicht, wenn zu Hause noch weitere Hunde warten.

Und noch ein wohlgemeinter Tip. Hat man seinen Teckel vorgestellt und erhält nun nicht den gewünschten Formwert, so ist es schlechter Stil, seinem Unmut lauthals Luft zu machen. Richter sind auch nur Menschen! Der eigene Hund bleibt immer der schönste und beste, ob mit dem Vorzüglich oder Genügend. Es gilt als Devise: »Nur wer lachend verlieren kann, kann auch einen Sieg verkraften!« Das bezieht sich auf Ausstellungen und Prüfungen gleichermaßen.

Mit dem Teckel unterwegs

In unserer heutigen motorisierten Zeit ist fast jeder Hund an das Autofahren zu gewöhnen. Bei Fahrten in das Revier, ins Grüne, zum Einkaufen oder in den Urlaub wartet der Teckel auf die Einladung zum Mitkommen, denn er fährt passioniert gerne Auto. Nur sehr wenige vertragen es nicht oder gehen nur widerwillig in ein Fahrzeug.

Hunde sind bei Autofahrten wie Kinder zu behandeln. Hat der junge Teckel Angst vor dem Fahren, so ist er verkrampft und muß sich nach einer gewissen Zeit übergeben. Deshalb ist ihm vorher kein Futter zu geben. Die Fahrweise darf nicht rasant sein, nicht zu schnell bei vielen aufeinanderfolgenden Kurven und auch nicht ruckartig, dies führt beim Menschen wie beim Hund zu Übelkeit. Unterwegs lenkt man den Teckel wie ein Kind ab und macht häufiger Pausen mit kurzen Spaziergängen. Für ausreichend Frischluft ist zu sorgen, Zugluft ist zu vermeiden. Man achte auch auf die Belüftung: Es darf weder Kalt- noch Warmluft direkt auf den Hund geblasen werden, was ihm nicht nur unangenehm, sondern auch schädlich wäre. Sind weite Strecken mit einem nicht ganz fahrtüchtigen Teckel zu bewältigen, kann ihm eine kleine Dosis Reisetabletten gegeben werden. Auf eine weite Reise ist frisches Wasser mitzunehmen, denn wie der Mensch sich unterwegs gerne eine kleine Erfrischung gönnt, so braucht sie auch der Teckel.

Weite Reisen strengen den Teckel – wenn es auch scheint, als schliefe er unterwegs – sehr an. Einen Klimawechsel empfindet er genau wie der Mensch. Deshalb empfiehlt es sich vor großen Prüfungen, wie einer Vielseitigkeits- oder einer gehobenen 40-Stunden-Schweißprüfung oder einer Ausstellung, die in weiter Entfernung zu bestreiten sind, ein bis zwei Tage früher anzureisen, da für den Hund mit seiner feinen Nase nicht nur die Umstellung von zu Hause auf die fremde Umgebung und Unterkunft zu bewältigen ist, sondern auch die oft völlig andere Bodenbeschaffenheit mit einer anderen Vegetation.

Begibt man sich mit einem Hund auf eine weite Reise, so ist eine Halsung mit einem Täschchen daran zweckmäßig, in dem sich die Anschrift des Besitzers und ein Telefongeld befinden. Für den Not- oder Unfall ist damit gesichert, daß der Teckel nach Hause zurückgelangt.

Schwarzrote Rauhhaar-Hündin »Asta vom Wasenstein« mit ihren beiden schwarzroten Kurzhaarwelpen.

Und noch ein Hinweis: Lassen Sie nie Ihren Teckel an der Autobahn oder an vielbefahrenen Straßen auf dem Parkplatz frei herumlaufen. Diese Unsitte, die zur Gefährdung des Hundes, seines Besitzers und anderer Personen führen kann, ist leider häufig zu beobachten. Der Teckel gehört unterwegs an die Leine!

In der Bahn

In der Bundesrepublik ist das Mitnehmen von Hunden auf Kinderfahrkarte, das heißt zu 50% der normalen Fahrtkosten möglich. Der Hund darf das Abteil benutzen, ist aber so zu halten, daß andere Mitreisende nicht belästigt werden. In Liege- und Schlafwagen dürfen Hunde nicht mitgenommen werden, es sei denn, der Reisende mietet das ganze Abteil für die Nachtfahrt. Andernfalls muß der Hund in eine Transportkiste und reist im Gepäckwagen. Es ist zu raten, daß bei derartigem Transport das Umladen des Hundes selbst vorgenommen, auf alle Fälle aber überwacht wird.

Auf Bahnhöfen ist das Ausführen von Hunden nicht verboten. Es sollte aber selbstverständlich sein, daß der Hund an das Ende des Bahnsteiges geführt wird, um sich dort zu lösen.

Auf Auslandsreisen

Für Reisen in das Ausland sind die von Land zu Land unterschiedlichen Bestimmungen, die das Mitnehmen eines Hundes betreffen, rechtzeitig vor Reiseantritt zu erkunden und zu erfüllen. Vor allem sind die Quarantänezeiten genau zu erfragen. In einige Länder, zum Beispiel Skandinavien und England, ist die Mitnahme von Hunden im Urlaub gar nicht möglich, da zur Zeit eine 6monatige Quarantäne gefordert wird. Die einzelnen Bestimmungen ändern sich jedoch häufig; daher ist es nötig, jedes Jahr wieder neue Informationen einzuholen.
Die wichtigste Unterlage für jeden Hund, der mit ins Ausland fahren soll, ist der Impfpaß, der gleichzeitig Identitätsausweis für die Wiedereinreise ist. In ihm sind die gültige Tollwutimpfung, die nicht älter als 12 Monate und nicht jünger als 4 Wochen sein darf, sowie weitere Schutzimpfungen eingetragen. Außerdem ist eine amtstierärztliche Bescheinigung zu besorgen, wenn sie für das betreffende Land gefordert wird. Für manche Länder ist eine Einreisegenehmigung vom zuständigen Konsulat oder der Botschaft einzuholen.

Über alle diese Bestimmungen kann man sich in Reisebüros oder bei den in Frage kommenden Fluggesellschaften – notfalls auch bei der Botschaft – erkundigen.

Im Flugzeug

Das Fliegen mit einem Hund ist heute kein Problem, man sollte aber vorher grundsätzlich bedenken, ob ihn nicht die weite Reise, ein Hotelaufenthalt mit häufig wechselnden Gästen und die Klimaumstellung zu sehr belasten. Unter Umständen ist für den Hund die Unterbringung bei Bekannten oder in einer guten Hundepension vorzuziehen. Es kommt immer darauf an, wohin die Reise geht und wie lange sie dauern wird.

Für den Transport mit dem Flugzeug sind vor der Buchung genaue Informationen zu erfragen. Kleine Hunde bis ca. 5 kg – dies trifft also nur für Zwerg- und Kaninchenteckel zu – reisen in einer Reisetasche, die als Handgepäck in den

Passagierraum mitgenommen wird. Größere und schwerere Hunde müssen in eine Transportkiste, die bei den Fluggesellschaften zu erwerben ist, und werden im Tiertransportraum befördert.

Wird ein Hund nach Übersee verschickt, so muß auf der Reise die Versorgung mit Futter, vor allem aber mit Wasser gesichert sein. Es ist ein Unding, wenn Hunde zwei oder mehrere Tage ohne Versorgung unterwegs sind. Die Versorgung ist in Absprache mit der Fluggesellschaft zu sichern. Die Gesellschaften haben einen unterschiedlichen Service. Für genügend Trockenfutter kann der Besitzer sorgen, frisches Wasser ist bei einer längeren Reise vom Personal der Gesellschaft zu geben.

Manche Fluggesellschaften führen in den Wintermonaten keine Tiertransporte durch. Bei Charterflügen ist die Mitnahme von Hunden grundsätzlich nicht möglich.

Im Hotel, in Pensionen und auf Campingplätzen

Wird die Urlaubsreise mit Hund im eigenen Wagen unternommen, kann es zu Pannen bei der Quartiersuche kommen. Es gibt eine ganze Reihe von Hotels und Pensionen, die keine Hunde aufnehmen, dann wieder sehr viele, die Hunde dulden, aber dafür einen Tagespreis ohne Gegenleistung verlangen. Es finden sich aber auch Unterkünfte, wo das Mitbringen von Hunden keine Schwierigkeiten bereitet und keine Mehrkosten verursacht. Selbstverständlich wird erwartet, daß der Hund sich gut benimmt und der Hundebesitzer sich rücksichtsvoll den anderen Gästen gegenüber verhält. In den Fachblättern der Zuchtverbände wird eine Broschüre angeboten, in der solche Hotels und Pensionen verzeichnet sind, in die Hunde mitgebracht werden können.

Auf Campingplätzen bestehen bestimmte Platzordnungen und erhebliche Beschränkungen für mitgeführte Tiere. Diese Bestimmungen sind mit Rücksicht auf diejenigen Besucher notwendig, die keine Tierliebhaber sind oder den relativ engen Raum auf Campingplätzen nicht mit Tieren teilen möchten.
Ein Hund im Urlaub kann gelegentlich zu Verzicht führen, man denke an die Besichtigungen von Kirchen und Museen oder zoologischen Gärten. Auch in manche Cafés dürfen Hunde nicht mitgenommen werden, selbst in Kurparkanlagen finden sich Verbotsschilder für Hunde. Andererseits kann der Urlaub mit dem Teckel manches Vergnügen bereiten. Dazu gehören zum Beispiel ein zünftiger gemeinsamer Spaziergang vor dem Frühstück und manche Mußestunde, in der man sich ihm ungestört widmen kann.

Teckel entlaufen – was ist zu tun?

Auch bei sorgfältiger Tierhaltung ist es möglich, daß ein Teckel entläuft. Diese Gefahr besteht besonders auf Jagden, wenn ein junger, unerfahrener Hund eingesetzt wird, der sich bei der Verfolgung von Wild zu weit von seinem Führer entfernt oder bei der Stöberarbeit nicht zu ihm zurückfindet.

Um dem Teckel die Suche nach seinem Führer zu erleichtern, legt dieser an die Stelle, an der er den Hund geschnallt und seitdem auf ihn gewartet hat, eine Decke oder Jacke aus, bevor er den Ort verläßt. Häufig kommt der Hund an die Stelle zurück, an der er zuletzt Kontakt mit seinem Führer hatte.

Als nächstes sind die Revierinhaber und Jäger zu benachrichtigen; sie sind viel draußen und treffen womöglich den Ausreißer. Auch die zuständige Polizeidienststelle ist zu informieren, denn hier werden üblicherweise gefundene Hunde gemeldet.

Sobald es möglich ist, sollte eine Suchanzeige in der örtlichen Presse erscheinen, möglichst am nächsten Tag. Der Text ist kurz, aber klar zu fassen und muß den Namen des Teckels, seine Haarart und Farbe, die Tätonummer und den Ort, wo er abhanden kam, enthalten. Erfolgversprechend ist die Zusage einer Belohnung. Die volle Adresse mit der Telefonnummer, unter der ständig jemand erreichbar ist, muß mit angegeben werden. Viele Hunde sind auf diesem Wege schnell wieder zu ihrem rechtmäßigen Besitzer zurückgekommen.
Bleiben diese Bemühungen ohne Ergebnis, so sollte man nicht aufgeben, sondern beharrlich weitersuchen und forschen. Dazu gehören Befragungen von Schulkindern und anderen Ortsbewohnern, Anfragen bei der Straßenmeisterei und beim Tierschutzverein und immer wieder neue Anzeigen in der Presse. Manchmal laufen die Hunde nach einer bestimmten Zeit bewohnte Anwesen an und lassen sich dort bereitwillig aufnehmen. Andere Hunde, die sich im Wald verirrt haben und nicht sehr bald zu dem Besitzer zurückfinden, verwildern sehr schnell. Sie werden scheu, reagieren nicht auf Ruf und Pfiff und lassen sich schwer einfangen. Dieses Verwildern vollzieht sich erstaunlich schnell. Hier ist besondere Vorsicht angebracht, da sich solcher Art verwilderte Hunde nur schwer einfangen lassen. Auch gegenüber vertrauten Personen zeigen sie zu deren Erstaunen oft große Scheu. Vielleicht gelingt es mit Hilfe des eigenen Korbes oder mit anderen Hunden, die der Ausreißer kennt, seine Erinnerung an zu Hause zu wecken.

Ist der Teckel mehrere Tage unterwegs gewesen und hat kaum Nahrung zu sich genommen, so ist er zunächst vorsichtig zu füttern. Ein warmer Haferflocken-Milchbrei mit Traubenzucker ist gut und leicht verdaulich. Später kann dann eine Fleischmahlzeit gegeben werden. Grundsätzlich sind keine großen Portionen zu geben, sondern öfter kleinere Mengen. Ist der Teckel sehr heruntergekommen, empfiehlt sich ein Besuch beim Tierarzt, der ihm eine Vitamin-Aufbauspritze gibt. Vor allem wird der Tierarzt ihn auf mögliche Verletzungen und etwaige Erkrankungen untersuchen.
Der wiedergefundene Hund ist eine Zeitlang genau zu beobachten und mit besonderer Fürsorge zu umgeben.

Er selbst wird glücklich sein, nach langem Herumirren sein Zuhause wiedergefunden zu haben. Dem Finder gebührt die versprochene Belohnung, und alle Helfer erhalten ein »Dankeschön« – in welcher Form auch immer.

Beißerei

Immer wieder kommt es – besonders bei der Haltung von mehreren Teckeln – zu Beißereien untereinander. In den meisten Fällen sind die Kontrahenten gleichen Geschlechts. Häufig sind es Kleinigkeiten, die die Streiterei auslösen: ein Knochen, den beide haben wollen, oder eine Drängelei beim Aus-der-Tür-Stürmen oder Unlust zum gemeinsamen Spiel. Anders verhält es sich allerdings, wenn mehrere Hunde an ein frisch erlegtes Stück Wild kommen, hier verteidigt der erste Hund seine Beute bedingungslos.
Wie Streitigkeiten innerhalb der Meute geschlichtet werden, kann nur aus eigener Erfahrung geschildert werden. In der Regel vertragen sich Teckel, die zusammenleben, mit wenigen Ausnahmen sehr gut. Aber gerade diese Ausnahmen sollen hier erwähnt werden.

Die Rüden sind vor Eintritt der Hitze bei einer Hündin leichter reizbar und neigen zur Rivalität. Ist es zwischen zwei Teckeln zur Beißerei gekommen, so sind zuerst, wenn vorhanden, die übrigen Teckel festzusetzen, denn die Gelegenheit mitzumachen ist günstig. Sie würden die Kontrahenten nur aufheizen. Sind gar drei Teckel miteinander in Streit geraten, ist unbedingt einer davon aus dem Knäuel herauszubekommen, damit nicht zwei gegen einen kämpfen, bis dieser womöglich auf der Strecke bleibt. Rufen und Schlagen hilft nichts, die Streiter sind blind und taub vor Wut. Schläge werden als vom Gegner verteilt gewertet. Der Versuch, die Hunde mit Geschick und ohne Gewalt auseinanderzubekommen, endet oft mit Bißverletzungen bei dem Schlichter. Auch mit dem Wasserschlauch oder mit einem Guß kalten Wassers ist erfahrungsgemäß nichts auszurichten. Erfolg hat nur, sie ins Genick zu fassen und sie dann in einen mit Wasser gefüllten Behälter zu stecken, so daß sie unter Wasser voneinander lassen müssen.

Wichtig ist, daß sie nun getrennt bleiben. Nach wenigen Minuten haben sich die Wogen geglättet. Die Teckel werden nun auf mögliche Verletzungen untersucht und behandelt, und danach müssen beide Streiter zusammen in einen Korb. Natürlich muß man dabeibleiben, aber schon nach kurzer Zeit beginnen die Teckel, sich gegenseitig zu belecken, und der Streit ist begraben. Ohne Bedenken kann man den Raum wieder verlassen.

Werden verfeindete Teckel getrennt und vielleicht erst nach einem oder mehreren Tagen wieder zusammengelassen, kann die Feindschaft derart tief verwurzelt sein, daß sie sich nie mehr vertragen.

Bei Beißereien zwischen einem frei herumlaufenden und einem an der Leine geführten Hund ist der angeleinte immer der Unterlegene und reizt zum Angriff. Wenn möglich, ist der angeleinte Hund in dieser Situation freizulassen, oft löst sich der Kampf dann recht bald von alleine.

Erlittene Bißwunden sind entweder die vom Fangzahn verursachten relativ kleinen, aber tiefen Wunden, die sich leicht entzünden können, oder Reißwunden, besonders am Kopf, unter den Augen und an den Behängen. Größere Verletzungen sollten immer vom Tierarzt behandelt werden. Kleinere Wunden kann der Besitzer selber versorgen. Für diese Fälle eignet sich ein Wundpuder für den Kopfbereich und ein Wundspray für alle anderen Verletzungen; die Gebrauchsanweisung ist zu beachten. Im allgemeinen heilen Wunden bei Hunden sehr schnell, doch ist eine Kontrolle in den folgenden Tagen immer zu empfehlen.

Beißereien auf Spaziergängen, Prüfungen, Ausstellungen und Jagden lassen sich weitgehend vermeiden, wenn jeder Hundehalter ein wenig auf seinen Hund aufpaßt und ihn kurz an der Leine hält. Auf den Spruch »Meiner beißt nicht« ist kein Verlaß.

Zucht

Vielen Teckelhaltern kommt irgendwann einmal der Gedanke, züchten zu wollen. Rüdenbesitzer möchten ihren Hund als Vater wissen, und Hündinneneigner meinen, ihre Hündin müsse wenigstens einmal einen Wurf zur Welt gebracht haben.

Zwei schwarzrote Kurzhaar-Rüden mit ausdrucksvollen Köpfen.
Die Söhne des »Cadett von Schlendrian«, »Banjo und Bosko vom Wiesenweg«.

Kurzhaarwelpen mit dem einen Wurf älteren Bruder »Cadett« im Korb.

Demgegenüber gibt es eine große Gruppe von Teckelhaltern, die sich ernsthaft mit dem Züchten befassen. Sie sind Mitglieder eines eingetragenen Vereins, stecken sich ein Zuchtziel und wählen die dafür in Frage kommenden Elterntiere aus genauer Kenntnis der verschiedenen Blutlinien aus. Diese Züchter sind bereit, weite Fahrten zu den passenden Rüden zu unternehmen und alle nötigen Investitionen für eine gute Aufzucht der Welpen vorzunehmen.

Eine weitere, zahlenmäßig nicht zu unterschätzende Gruppe von Teckelhaltern ist eher nur als Vermehrer anzusehen; sie möchten mit möglichst wenig Aufwand eine Menge Welpen produzieren, um damit viel Geld zu verdienen. Züchtet jemand 80–100 und mehr Welpen im Jahr, so kann man wohl davon ausgehen, daß ein persönliches Verhältnis zum einzelnen Tier nicht mehr besteht.

Es würde zu weit führen, in diesem Rahmen die gesamte Zucht beschreiben zu wollen. In der gebotenen Kürze soll jedoch das Wesentliche auseinandergesetzt werden.

Was gehört zum Züchten?

Zunächst eine gesunde, zur Zucht zugelassene Hündin, die im Besitz einer gültigen Ahnentafel ist, und ein passender Rüde, der dem Zuchtziel entsprechend auszuwählen ist. Er hat ebenfalls eine gültige Ahnentafel zu besitzen und muß auf einer Zuchtschau zur Zucht zugelassen worden sein. Damit ist es aber nicht getan.

Wer Welpen züchten und aufziehen möchte, muß auch bereit sein, eine Mehrbelastung an Arbeit auf sich zu nehmen, und er muß – neben persönlichem Engagement – gute Nerven haben, das bezieht sich nicht nur auf die Geburt der Welpen.

Auch die Frage des Platzes für die Aufzucht ist zu lösen. Einen Wurf in einer Etagenwohnung zu haben, ist nicht nur für den Züchter schwierig – diese Umgebung wird bereits Welpen ab der 4.–5. Woche nicht mehr gerecht, denn die jungen Tiere brauchen dann schon viel Auslauf, um ihre Muskeln zu trainieren. Gesunde, kernige Welpen können nur bei genügend Bewegung heranwachsen.

Außerdem muß der Absatz der Tiere gesichert sein. Zu verurteilen ist der sorglose Wunsch, auch züchten zu wollen, nur weil es andere auch tun. Plötzlich sind 6–7 Welpen da, für deren Bleibe nicht vorgesorgt ist, es findet sich kein Käufer, und die Futterkosten nehmen täglich zu. Dann ertönt ein Hilferuf beim Deckrüdenbesitzer, oder die Welpen geraten in fragwürdige Hände. Bevor eine Hündin belegt wird, sollten wenigstens 2–3 feste Interessenten für die Welpen vorhanden sein. Der unerfahrene Züchter wird noch manche Frage in diesem Zusammenhang haben, die er sich am besten von einem erfahrenen Züchter oder dem Deckrüdenbesitzer – wenn dieser Züchter ist – beantworten läßt. Man kann sich auch an den Zuchtwart, den jede Gruppe des DTK hat, wenden. Er kann mit Rat und Tat zur Seite stehen.

Wurf und Aufzucht

Eine Hündin wird während ihrer Hitze belegt. Der günstigste Termin hierfür ist die Zeit vom 9.–13. Tag nach dem Beginn des Färbens. Dann hat das Färben schon nachgelassen, die Bluttröpfchen weisen eine hellere Färbung auf.

Ist die Hündin vom Rüden belegt worden, so wird das Deckgeld sofort fällig. Manche Rüdenbesitzer fordern einen Welpen als Deckentschädigung und können sich diesen aus dem Wurf aussuchen.

Die Trächtigkeit dauert 63 Tage. Nach dem ersten Trächtigkeitsmonat beginnt die Hündin runder zu werden, was besonders nach dem Füttern auffällt. Eine tragende Hündin ist in gleicher Weise weiterzufüttern; man gibt ihr nicht mehr, doch gutes, gehaltvolles Futter, das den Vitamin- und Kalkbedarf deckt. Viel Bewegung an der frischen Luft ist für die Hündin und den Nachwuchs gut.

Einige Tage vor dem Geburtstermin ist die Wurfkiste fertig zu machen. Sie muß so groß sein, daß die Hündin darin ausgestreckt liegen kann. An den Seiten befinden sich ca. 5 cm breite Holzleisten, in 10 cm Höhe vom Boden angebracht. Auf diese Weise werden die neugeborenen Welpen vor einem möglichen Erdrücken durch die sich drehende Hündin geschützt. Die Wurfkiste ist mit einer Matte und Zeitungspapier auszulegen, darüber breite man noch weiche Tücher. Die Hündin beginnt in der Regel 1–3 Tage vor dem Werfen in der Kiste zu kratzen, die Zeitungen zu zerreißen und sich damit ein richtiges Nest zu bauen. Der

Die Wurfkiste

63. Tag ist im allgemeinen der Wurftag, es gibt aber Abweichungen bis zu 3−4 Tagen vor oder nach diesem Termin. Hat die Geburt bis zum 68. Tag noch nicht begonnen, sollte man mit einem Tierarzt Kontakt aufnehmen und seine Dienstbereitschaft feststellen, damit man im Notfall nicht durch Herumtelefonieren viel Zeit verliert; denn häufig erfolgt der Wurf am Wochenende und dann auch noch nachts.

Vor dem Werfen sinkt die Körpertemperatur der Hündin um etwa 1°, von 38,5° auf 37,5° − das ist ein sicheres Zeichen, daß das Werfen in ca. 6−12 Stunden beginnt. Die Hündin sucht nun die ständige Gegenwart des Menschen; man läßt sie kurz vor dem Wurf und während des Werfens nicht allein. Schon Tage zuvor beobachtet sie sehr genau, wohin man geht, und weicht einem nicht mehr von der Seite. Beim Werfen sitzt man neben der Kiste; es beruhigt besonders die junge Hündin, die vertraute Person bei sich zu wissen. Außerdem ist es selbst für den erfahrenen Züchter jedesmal ein Erlebnis, eine Geburt zu beobachten, die ersten Bewegungen eines Welpen zu sehen und daraus Rückschlüsse auf seine Gesundheit, Kraft und seinen sofort erkennbaren Hunger zu ziehen. Diese Beobachtungen kann man sich notieren, um sie mit der späteren Entwicklung zu vergleichen. Ein weiteres Erlebnis ist die Beobachtung, mit welcher Sicherheit die Hündin die Geburt meistert. Ruhe um sie herum ist jetzt oberstes Gebot!

Schwarzrote Kurzhaarwelpen 3 Tage alt.

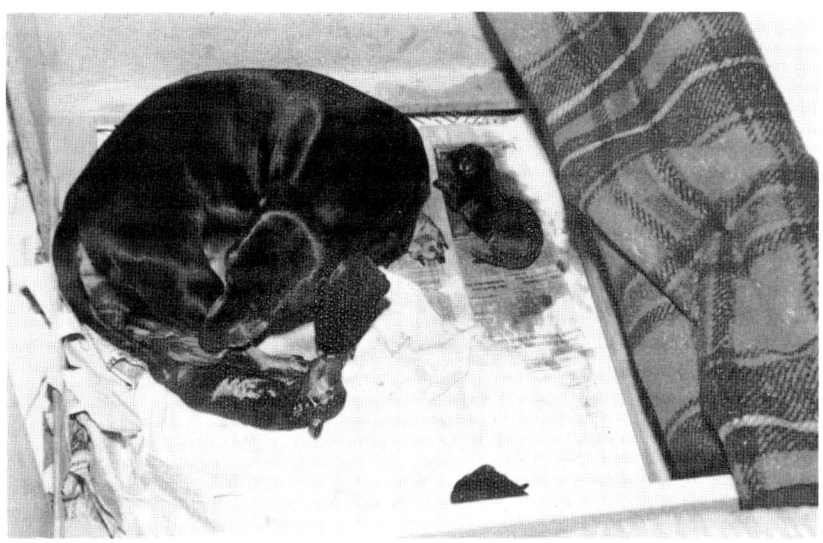

Ein Welpe wird geboren und von der Mutter versorgt.

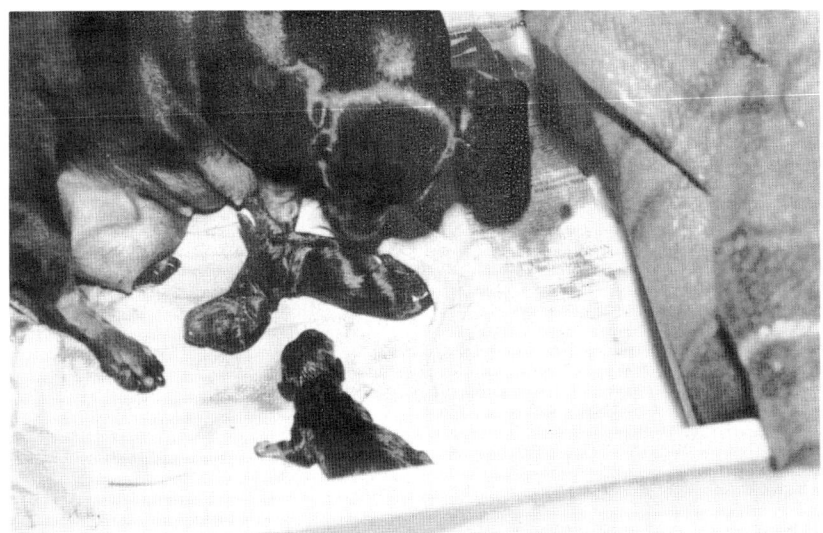

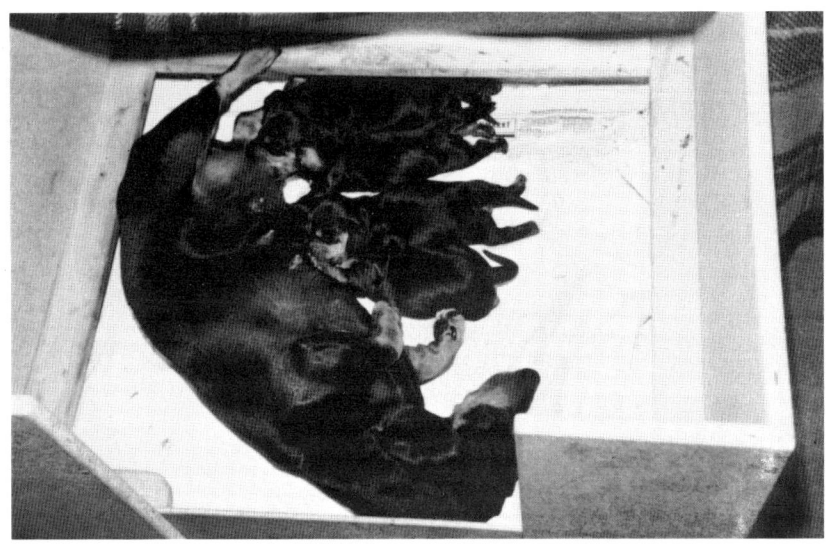

Saugende Welpen

10 Tage alte Welpen

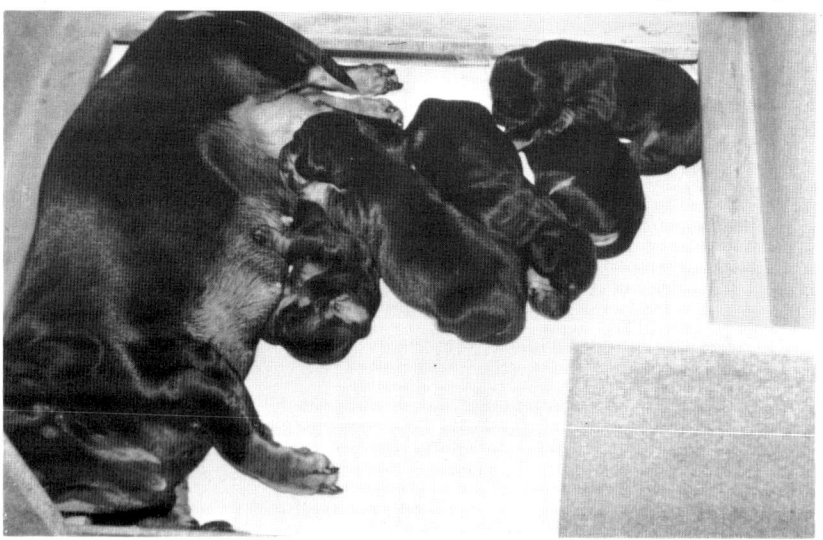

Der Zeitabstand der Geburt von einem zum anderen Welpen beträgt etwa 30 Minuten bis zu 1 $^1/_2$ Stunden und 2 Stunden. Eine Pause von vielen Stunden zwischen den Welpen ist zu lange; es ist in diesem Fall notwendig, einen Tierarzt die Geburt überwachen zu lassen.

Nach Beendigung des Wurfes ist das Lager der Hündin zu säubern. Danach gibt man ihr zur Stärkung Milch mit Honig, und dann kehrt Ruhe in der Kiste ein. Ist alles normal verlaufen, so liegen die Welpen bereits jetzt am Gesäuge der Mutter und stärken sich.

Die Fütterung der Hündin bleibt weiterhin unverändert, das heißt, morgens und abends bekommt sie Milch mit Haferflocken und Honig oder Traubenzucker, mittags eine Fleischmahlzeit. Auf keinen Fall ist ihr zuviel Eiweiß in Form von »nur bestem Fleisch« zu geben. Eine Eklampsie kann die Folge sein. Darunter versteht man das plötzliche Absinken des Calciumgehaltes im Blut. Eine an Eklampsie erkrankte Hündin beginnt zu hecheln, zu zittern und hat einen unsicheren, schwankenden Gang. Hier muß der Tierarzt sofort aufgesucht werden, damit eine Calciumspritze verabreicht wird. Nach kurzer Zeit ist die Hündin, wenn sie rechtzeitig zum Tierarzt kam, wiederhergestellt. Es gibt Hündinnen, die eklampsieanfällig sind, andere wieder nicht. Leider gibt es keine sichere Vorbeuge.

Wird ein Wurf erwartet, sollte man für alle Fälle Welpenaufzuchtmilch im Hause haben. Bei Komplikationen während des Wurfes müssen die Welpen entweder sofort zu einer Amme gebracht werden, oder der Züchter füttert die Kleinen aus der Flasche mit Aufzuchtmilch. Dies hat alle 2 Stunden zu geschehen.

Nimmt die Hündin die Welpen nicht an, so muß neben dem Füttern auch das Massieren des Welpenbauches vom Züchter übernommen werden; denn ein Welpe entleert nur seine Blase, wenn sie durch Leckmassage der Mutter dazu animiert wird. Diese Massage ist genauso wichtig wie die Fütterung des Welpen.

Die Aufzucht ist bei normalem Verlauf in den ersten 2 $^1/_2$–3 Wochen wenig arbeitsaufwendig, die Mutter erledigt alles allein. Lediglich die Unterlage ist täglich zu wechseln und die Hündin gut zu versorgen.

Ab 3–3 $^1/_2$ Wochen beginnen die Welpen zu laufen, noch unsicher, aber täglich mehr und schneller. Jetzt beginnt man mit der Zufütterung, die zunächst aus Milch mit Flocken und Honig oder der Welpenaufzuchtmilch besteht, dann aus gehacktem Fleisch mit Flocken. Das notwendige Zufüttern richtet sich natürlich nach der Milchleistung der Hündin. Hier müssen die Entwicklung der Welpen und die Beanspruchung der Hündin gleichermaßen berücksichtigt werden.

Von der 4. Woche an können die Welpen je nach Wetterlage ins Freie, sie müssen jedoch einen warmen, zugfreien Platz haben, der ihrem Bedürfnis nach Wärme entspricht.

Während der 8–10 Wochen der Aufzucht müssen die Welpen dreimal entwurmt werden, ab ca. der 8. Woche werden sie gegen SHL geimpft. Wenn der zuständige Zuchtwart sie schließlich abgenommen (begutachtet) hat und die Tätonummer in den rechten Behang gedrückt ist, ist der Zeitpunkt des Verkaufs gekommen. Er sollte so rechtzeitig erfolgen, daß die Trennung von den jungen Tieren nicht zu einem tränenreichen Anlaß für die ganze Familie des Züchters wird!

Ein Wurf, zwei rote und zwei schwarzrote Kurzhaarwelpen, 8 Wochen alt.

Kranker Hund

Vorbeugemaßnahmen

Das Gebiet der Hundekrankheiten ist sehr umfangreich und bedarf der Darstellung durch den Fachmann. Hier sollen nur die häufigsten Krankheiten erwähnt werden, damit der Teckelhalter Symptome richtig deuten kann und Unpäßlichkeiten von Krankheiten unterscheiden lernt. Auch für die Gesundheit des Hundes gilt das Wort: »Vorbeugen ist besser als heilen«, aber es gibt auch Krankheiten, die trotz Vorsicht und sorgfältiger Beobachtung des Tieres auftreten und um die der Teckelhalter wissen sollte.

Einige Vorbeugemaßnahmen wurden bereits bei der täglichen Pflege geschildert. So muß es nicht erst zum *Ohrenzwang* kommen, wenn die Pflege der Ohren regelmäßig durchgeführt wird. Sind allerdings die Gehörgänge durch totale Verschmutzung oder Milbenbefall entzündet, ist ein Tierarzt zu befragen. Der Hund stinkt aus dem Ohr, kratzt sich oft im gesamten Ohrbereich und hält den Kopf schief.

Die *Pflege der Augen* ist ebenso sorgfältig — besonders bei den Teckeln, die für Naturbauarbeiten oder zu Stöberjagden eingesetzt werden — durchzuführen, um Entzündungen zu verhindern. Leidet der Teckel ständig unter entzündeten und tränenden Augen, liegt eine Erkrankung vor, die dem Tierarzt zu zeigen ist.

Zahnerkrankungen beugt man durch Knochengabe und gelegentliches Entfernen von Zahnstein vor. Hat sich beim alten Hund starker Zahnstein gebildet, den der Halter nicht allein entfernen kann, ist ein Besuch beim Tierarzt zu empfehlen; denn starker Zahnstein führt zu übler Geruchsbildung und Fäulnis am Zahn und Zahnfleisch. Die Entzündungen sind zu behandeln und die schlechten Zähne gegebenenfalls zu ziehen. Häufig sind schlechte Zähne auch die Folge falscher Ernährung oder noch unerkannter Krankheit. Beim Junghund ist beim Zahnwechsel auf den Milcheckzahn (Fangzahn) zu achten. Er sitzt oft so fest, daß er vom Tierarzt gezogen werden muß, auf alle Fälle ist er zu entfernen. Ein Milcheckzahn darf nicht neben seinem Nachfolger stehenbleiben und dadurch zur Gebißdeformation führen.

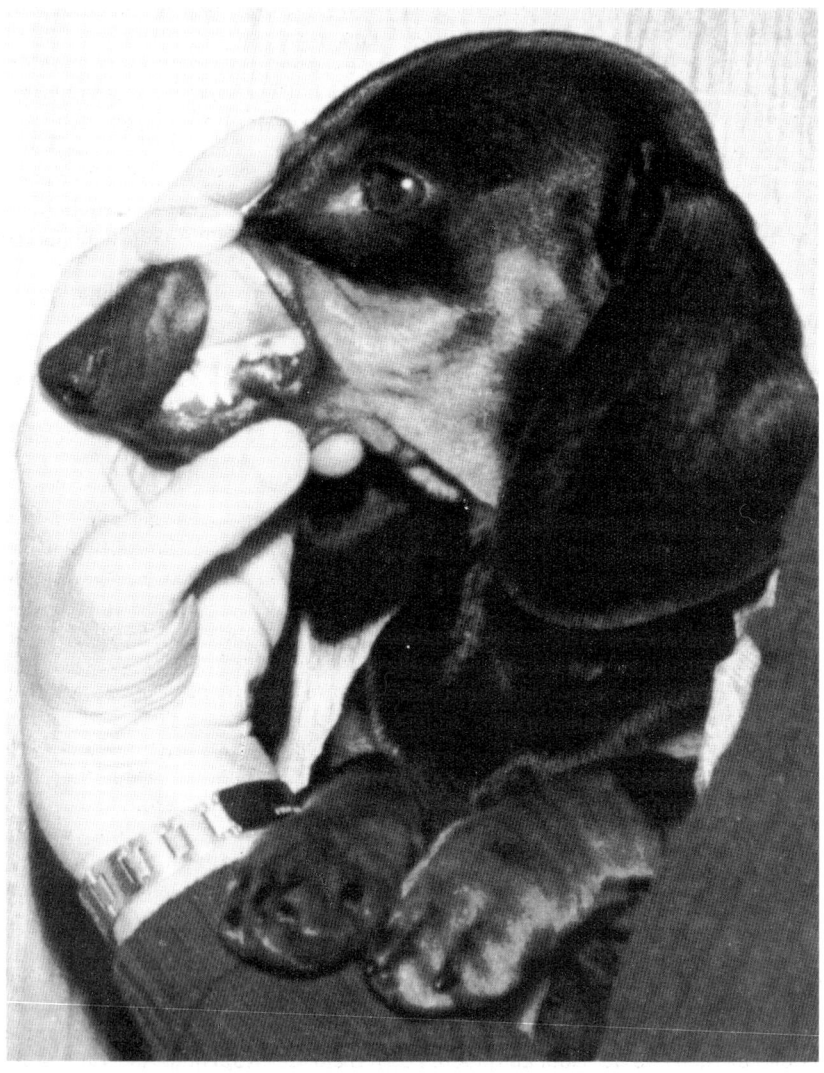

Achtung beim Zahnwechsel! Erläuterungen siehe Seite 99.

Die *Analdrüsen* befinden sich unter der Rute, rechts und links neben dem After. Normalerweise entleeren sie sich von selbst und bereiten dem Hund keine Schwierigkeiten. Aber immer wieder kommt es, besonders bei älteren Hunden, zur Verstopfung dieser eigentlichen »Duftdrüsen«. Die Hunde rutschen dann auf ihrem Hinterteil über den Boden oder lecken besonders oft diese Stelle. Bei hartnäckiger Verstopfung der Drüsen entsteht eine Entzündung im gesamten Analbereich. Das Ausdrücken der Drüsen kann der Besitzer selbst durchführen; er muß allerdings sehr sorgfältig vorgehen, denn bei falscher Handhabung kann er eine Entzündung erst verursachen. Vorsicht ist beim Ausdrücken geboten, denn das Sekret stinkt! Teckel mit einer Analdrüsenentzündung müssen vom Tierarzt behandelt werden.

Die *Pfotenpflege* ist besonders im Winter bei gestreuten Straßen und Wegen sowie bei Harschschnee erforderlich. Man vermeide es weitgehend, mit dem Hund durch Streusalz zu gehen. Nach dem Spaziergang sind die Pfoten zu reinigen und eventuell mit Vaseline zu fetten.

Wunde und blutende Pfoten gibt es häufiger bei Jagdhunden, die bei Harschschnee zur Jagd eingesetzt werden. Sie sind mit fetthaltiger Salbe zu behandeln, gegebenenfalls sind dem Hund einige Tage Ruhe zu gönnen. Ballenverletzungen heilen nur sehr langsam und schwer.
Viele Krankheiten werden durch *Ektoparasiten,* wie Flöhe und Milben, verursacht. Die beste Vorbeuge ist Sauberkeit. Werden der Hund und sein Lager saubergehalten, dann haben die Ektoparasiten wenig Chancen sich auszubreiten. Wenn der Hund sich trotzdem einmal Flöhe oder Milben außerhalb seines Heimes eingefangen hat, kann ihm ein Anti-Ungeziefer-Halsband umgelegt werden. Diese Halsbänder wirken ebenfalls gegen Zecken, die in manchen Gegenden, besonders im Wald, stark auftreten. Als Vorbeuge gegen Ungeziefer gibt es im Fachhandel bewährte Mittel. Für Teckel, die aus dem Fuchsbau kommen, hat sich Aluganspray aus meiner Sicht bewährt, das gegen die im Bau häufig vorkommenden Milben verwendet wird. Ist ein Hund stark mit Flöhen befallen, so ist er zu baden und mit entsprechenden Desinfektionsmitteln zu behandeln.
Zecken oder Holzböcke treten in den Sommermonaten auf und befallen Hunde wie Menschen. Je nach Größe des Holzbockes — sind sie sehr vollgesogen, fallen sie von selber ab — werden sie vorsichtig entfernt. Auf keinen Fall ist die Zecke einfach aus der Haut zu reißen, zu oft bleibt der Kopf unter der Haut stecken und führt zu Entzündungen. Als Methode hat sich bewährt, etwas Öl auf die Zecke zu tropfen und sie nach 5—10 Minuten vorsichtig herauszudrehen.

Endoparasiten sind Würmer, die als Darmschmarotzer Hunde und auch Menschen befallen können. Die bekanntesten Würmer unserer Hunde sind die Spulwürmer, Peitschen-, Haken- und Bandwürmer. Grundsätzlich ist jede Art von Wurmbefall wegen der Gefahr für den Menschen ernst zu nehmen. Regelmäßige Wurmkuren sind die sicherste Vorbeuge, und es ist nicht übertrieben, einen Teckel alle 4 Wochen zu entwurmen, wenn Kinder im Haus sind. Man halte sich nur vor Augen, daß der Zyklus eines Spulwurmes 28 Tage ist.

Alle 6–8 Monate ist eine Bandwurmkur angebracht. Besonders bei jagdlich geführten Teckeln ist eine solche Kur nötig; denn Hase und Kaninchen dienen dem Bandwurm als Zwischenwirte.
Als vorbeugende Impfung für den Teckel ist die kombinierte *SHL-Impfung* gegen Staupe, Hepatitis (infektiöse Leberentzündung) und Leptospirose (Stuttgarter Hundeseuche) in jedem Fall zu empfehlen. Kein Hund sollte ohne diese Schutzimpfung sein. Dazu kommt noch die *Tollwutschutzimpfung,* die laut Gesetz alle 12 Monate zu wiederholen ist. Kein Jagdteckel darf heute ohne diese Schutzimpfung ins Revier gelassen werden. Die Tollwut wird durch Bißverletzungen und den Speichel der tollwütigen Tiere übertragen; sie ist für den Menschen sehr gefährlich und führt bei Ausbruch ausnahmslos zum Tode.

Durch vernünftige Fütterung und ausreichende Bewegung werden viele Teckel vor den Folgekrankheiten zu reichlicher oder falscher Ernährung bewahrt. Ein Teckel, der an *Überernährung* leidet, ist anfällig gegen Herz- und Kreislaufstörungen, auch Zuckerkrankheit. Er ist in seinen Bewegungen erheblich behindert, kann sich nur mühsam fortbewegen und läuft sich wund. Auch ist er durch die Belastung im Rückenbereich anfällig; Lähmungserscheinungen können die Folge sein.

Werden alle diese vorbeugenden Maßnahmen beachtet, kann bereits eine ganze Anzahl von Erkrankungen verhindert werden. Es gibt darüber hinaus aber noch eine Vielzahl von Krankheiten, die im Ernstfall unbedingt vom Tierarzt behandelt werden müssen.

Anzeichen für ernsthafte Erkrankungen

Was kann der Teckelbesitzer selber behandeln, wann ist der Tierarzt aufzusuchen?

Ein roter Kurzhaarteckel »Sultan« mit der früher typischen »Dackelvorderhand«, die heute unerwünscht ist.

Ein Teckelbesitzer hat seinen Teckel so gut zu kennen, daß er durchschaut, wann er eine Unpäßlichkeit oder Krankheit nur vortäuscht und wann er wirklich krank ist. Es gibt unter den Teckeln perfekte Schauspieler, die genau wissen, daß sie liebevoll versorgt werden, wenn sie sich nicht ganz wohl fühlen. Diese Situation spielen sie dann gekonnt mit einer Leidensmiene aus. Sie finden es sehr schön und genießen es, Mittelpunkt einer um sie besorgten Familie zu sein, doch ein Zauberwort wie »ausgehen« läßt sie blitzschnell alle Leiden vergessen!

Ist ein Teckel wirklich krank, sollte diese Tatsache ernst genommen und ein Tierarzt aufgesucht werden. Ein kranker Teckel wird zunächst die Futteraufnahme verweigern, er friert und zittert, zieht sich in seinen Korb zurück und nimmt keinen Anteil am Familienleben. Die Augen haben einen traurigen Ausdruck, die Nase ist bei Fieber trocken und heiß, der Körper fühlt sich kalt an.

Zuerst wird mit einem normalen Fieberthermometer im Mastdarm 3–5 Minuten lang die Temperatur gemessen. Hunde haben eine normale Körpertemperatur von 37,5°–39,0°C. Steigt die Quecksilbersäule über 39,0°, hat der Hund *Fieber* und ist krank. Ist die Ursache unbekannt, ist es ratsam, einen Tierarzt aufzusuchen.

Häufig handelt es sich um eine *Erkältung,* die beim Hund wie auch beim Menschen fiebrig verlaufen kann. Bei Hunden kennen wir Mandelentzündungen und Husten. Durch Erkältungen können Blasen- und Nierenentzündungen und auch Lähmungserscheinungen ausgelöst werden. Unterkühlung kann eine Lähme bewirken, die vergleichbar mit dem uns bekannten »Hexenschuß« ist. Der Teckel ist bei Erkältung warm zu halten; man lege ihm eine Wärmflasche in seinen Korb und decke ihn zu, nach wenigen Tagen wird er wieder munter umherlaufen. Bei *Verdauungsstörungen* ist nach dem Ursprung zu suchen und der Teckel sofort auf leichte Kost oder nur Tee zu setzen.

Handelt es sich um *Durchfall,* kann auch hierfür eine Erkältung verantwortlich sein, aber auch ein krasser Futterwechsel oder angesäuerte Milch. Eine ernsthafte Erkrankung kann sich ankündigen; auch an die Aufnahme von Gift ist zu denken. Sollte Blut im Kot vorhanden sein oder Verdacht auf eine Vergiftung bestehen, ist ein Tierarzt schnellstens aufzusuchen.

Teckel mit Durchfall erhalten Fencheltee mit etwas Traubenzucker, denn wichtig ist die Zufuhr von Flüssigkeit, besonders bei Welpen oder Junghunden. Sollte die Aufnahme verweigert werden, können mit einem Teelöffel seitlich in die Bakkentasche einige Löffel voll Tee gegeben werden. Als Futter ist zunächst eine Haferflockenschleimsuppe oder ein Haferflockenbrei mit Frühkarotten zu empfehlen, die es für Säuglinge im Handel gibt, dazu ein Kohlepräparat, und auch roher, geriebener Apfel kann dem Brei beigegeben werden. Bei Abklingen des Durchfalls darf dem oben beschriebenen Futter etwas Gehacktes beigemischt werden. Auch eine Knochengabe hat stopfende Wirkung. Handelt es sich um einen harmlosen Durchfall, wird er in wenigen Tagen behoben sein. Bei jeder Art von Durchfall ist der Hund warm zu halten.

Verstopfungen können, wenn sie hartnäckig sind, sehr gefährlich werden. Es gilt besonders bei alten Hunden darauf zu achten, daß sie – wegen der stopfenden Wirkung – nicht zu viele Knochen bekommen. Bei einer normalen Fütterung sollte es zu dieser Verdauungsstörung eigentlich nicht kommen.

Weit gefährlicher sind Verstopfungen, die durch Fremdkörper im Magen-Darm-Bereich verursacht werden. Immer wieder kommt es vor, daß gerade Welpen und Junghunde mit harten, unverdaulichen Gegenständen wie Steinchen, Kastanien, kleinen Hartgummibällen und Plastikteilen, eventuell auch Knochen und deren Splittern, spielen und sie mitunter verschlucken. Diese Dinge setzen sich im Magen und Darm fest, sie verursachen eine Verstopfung mit anschließender Entzündung. Hier kann nur ein Tierarzt helfen, der den Gegenstand operativ entfernen muß. Manchmal kommt jede Hilfe zu spät.

Vergiftungen

Die Gefahr der Vergiftung ist für den Teckel nicht auszuschließen. Sie gelangen an unvorsichtig ausgelegtes Gift gegen Ungeziefer oder nehmen eine vergiftete Maus oder Ratte auf. Auch Spritzmittel gegen Schadinsekten führen zu Vergiftungen mit tödlichem Ausgang.

Bei allen Vergiftungserscheinungen ist Eile geboten. Der Hund muß möglichst schnell erbrechen, wenn die Giftaufnahme vor kurzer Zeit erfolgte. Mit Hilfe von einem Teelöffel Kochsalz kann das Brechen erzeugt werden. Die Gabe von Milch ist nur bei wenigen Giften angebracht, bei einigen Giften kann die Wirkung durch sie noch gesteigert werden.

Zeigt ein Teckel Vergiftungserscheinungen oder wurde die Giftaufnahme beobachtet, ist sofort ein Tierarzt aufzusuchen und – wenn möglich – das aufgenommene Gift zu benennen. Seine Behandlung wird dann gezielt vorgenommen. Je nach Giftart und Intensität seiner Wirkung kann der Hund ganz gesund werden oder Dauerschäden zurückbehalten, aber auch später an den Folgen eingehen. Man weiß von Teckeln, die nach einer Vergiftung blind wurden, gelähmt blieben oder haarlose Stellen bis zur völligen Nacktheit bekamen.

Verletzungen

Hunde sind häufig Opfer des Straßenverkehrs; sie werden angefahren oder tödlich verletzt. Auch bei einer schweren Verletzung kann der Tierarzt oft noch durch eine Operation helfen. Manchmal kommt der Teckel aber nur mit Prellungen und Hautverletzungen davon. Prellungen sind zu kühlen, Hautverletzungen können – je nach Größe – mit Wundpuder und -spray behandelt werden. Größere Verletzungen dieser Art sollte man vom Tierarzt nähen lassen. Knochenbrüche sind zu röntgen und vom Tierarzt zu gipsen. Bei allen verletzten Hunden ist Vorsicht geboten, sie stehen unter einem Schock, haben Schmerzen und beißen in dieser Situation einfach um sich; der eigene vertraute Herr ist davon nicht ausgenommen.

Der Transport verunglückter Hunde kann auf einem Sack, einer Decke oder einer Plane erfolgen. Man legt den Hund seitlich darauf. Von zwei Personen wird er so zum Tierarzt transportiert.

Hauterkrankungen

Erkrankungen der Haut treten beim Teckel häufig auf. Sehr schwer ist hier – wie beim Menschen – die Ursache zu erkennen und die richtige Behandlung zu finden. Es gibt eine Vielzahl von Allergien, die zu Juckreiz und Haarausfall führen. Hauterkrankungen können auch durch Milbenbefall verursacht werden, wie zum Beispiel die Räude. In allen Fällen ist auf Hygiene zu achten. Auf dem Markt sind eine Menge Haarwässer, Salben und sonstige Medikamente, doch kann eine gezielte Behandlung erst nach Feststellung der Ursache angewendet werden.

Gelegentlich finden wir kahle Behänge bei den Teckeln, besonders bei Kurz- und Rauhhaarteckeln. Es gibt ganze Linien, die zu dieser Haarlosigkeit neigen. In der Regel sind diese Hunde auch am Hals und der Brust, sogar an der Rute schwach behaart. Hier kann eine erbliche Schwäche in der Behaarung vorliegen. Es muß aber auch mit einem eventuellen Befall von Milben gerechnet werden. Selbst durch falsche Fütterung entstehen unter Umständen als Folge von Mangelerscheinungen die beschriebenen kahlen Stellen.

In diesem Zusammenhang sei noch die *Akantose* erwähnt, eine Hautkrankheit, die als »Elefantenhaut« bezeichnet wird. Sie tritt vereinzelt bei Teckeln auf. Die Haut, vorwiegend an den Innenseiten der Vorder- und Hinterbeine, verfärbt sich dunkel, verhärtet und verdickt sich. Die Hunde werden von Juckreiz geplagt, sie kratzen und beknabbern sich bis zum Wundsein. Der befallene Teckel verbreitet einen üblen Geruch. Für diese Krankheit gibt es bislang noch keine Heilung. Mit Salben und Cortison kann der Juckreiz gemindert werden.

Eine Reihe von Krankheiten ist vererbbar, sie sollten vom Züchter bei der Wahl der Zuchttiere genau beachtet und weitgehend ausgeschaltet werden. So hat die *Teckellähme* in den letzten Jahren kaum noch Bedeutung, weil anfällige Tiere nicht zur Zucht verwendet wurden. Teckellähme ist eine Lähmungserscheinung der Vorder- oder Hinterhand, die vorwiegend beim Teckel beobachtet worden ist und in der Anatomie seines Rückgrates ihren Grund hat. Teckel, die epileptische Anfälle bekommen, wie auch frühzeitig ohne äußere Einwirkung erblindete Teckel gehören nicht in die Zucht.

Der *Krebs* ist in jüngerer Zeit bei Hunden häufiger aufgetreten. Bei Hündinnen ist uns der Gesäugekrebs bekannt, bei Rüden tritt er im Bauchbereich auf. Oft kommt der operative Eingriff zu spät, wenn der Krebs nicht rechtzeitig erkannt wird. Bei Hündinnen sind zuerst kleine Knötchen am Gesäuge zu beobachten, die sich lange Zeit kaum vergrößern, doch plötzlich zu wuchern beginnen. Handelt es sich um junge Hündinnen, ist zu einem Eingriff vom Tierarzt zu raten. Bei alten Hündinnen ist von einer Operation abzuraten, da die Belastungen zu groß sind. Entscheiden müssen aber der Tierarzt und der Besitzer gemeinsam.

Alter Teckel

Nach 12—14 Jahren ist aus dem ehemals munteren Teckel ein älterer oder alter Hund geworden, dem ein Lebensabend in der ihm angemessenen Art zu gönnen und zu verschaffen ist.

Der Alterungsprozeß vollzieht sich unterschiedlich schnell, er richtet sich nach der Beanspruchung, die der Teckel, zum Beispiel als Jagd- oder Zuchthund, in seinem Leben hatte. Es gibt Teckel, die mit 10—12 Jahren Greise sind oder dieses Alter gar nicht erst erreichen, andere werden 16—18 Jahre alt. Die durchschnittliche Lebenserwartung mag wohl bei 12 Jahren liegen.

Alte Teckel verhalten sich im allgemeinen ruhiger, sie sind abgeklärter, werden manchmal sogar wunderlich. Sie sind aber auch erfahrener, was sich besonders beim jagdlichen Einsatz bemerkbar macht. Selbstverständlich ist der Einsatz zu reduzieren, besonders bei der Bauarbeit.

Eine Zuchthündin, die gute Würfe zur Welt brachte, ist nach ihrem 10. Lebensjahr von ihrer Aufgabe als Mutter zu entbinden; ihr steht nun noch eine Zeit zu, in der sie sorglos ihr Leben genießen kann.

Alte, allein gehaltene Teckel leben oft geradezu auf, wenn sie einen jungen Hund als Partner bekommen. Sie beginnen wieder fröhlich zu spielen, sind viel aufmerksamer, fressen wieder besser und können viel längere Spaziergänge machen. Zeichnet sich das sichere Lebensende eines alten Teckels ab, so ist es sicher für den Besitzer sinnvoll, wenn er sich überhaupt mit dem Gedanken trägt, nach dem Tode des alten Hundes wieder einen jungen Teckel haben zu wollen, diesen Nachfolger bereits jetzt im Haus zu haben.

Ein alter Teckel wird aber nicht nur ruhiger, seine Belastbarkeit hat Grenzen, seine Sinnesorgane lassen häufig erheblich nach. So gibt es Teckel, die im Alter schwer hören oder taub werden, andere wieder können nur noch schwach ihre Nase einsetzen, und wieder andere bekommen trübe Augen: Ein heller Schimmer zeigt sich, bis sie total erblinden. Die Verdauung funktioniert nicht mehr so gut, deshalb ist dem alternden Hund nur noch leichtverdauliche Kost zu reichen, eventuell in kleineren Portionen, dafür 2—3mal täglich. Er muß öfter nach draußen, hält nachts manchmal nicht mehr durch oder ist nicht mehr sicher stubenrein. Ein alter Hund benötigt wesentlich mehr Wärme.

Das sind alles Erscheinungen und Mehrbelastungen, die der Besitzer wissen sollte, und zwar schon beim Erwerb seines Teckels, damit er sich nicht der Verpflichtung dem Tier gegenüber entzieht.

Jeder Teckelbesitzer weiß, daß es die Stunde des Abschieds gibt. Sie kommt bei einem Teckel plötzlich und viel zu früh; bei einem anderen kündigt sie sich lange vorher an. Der vorzeitige Tod vieler Teckel beruht auf einem Unfall im Straßenverkehr und hin und wieder bei der jagdlichen Betätigung, doch die Regel ist wohl der altersbedingte Tod. Der Mensch hat es in der Hand, seinem Hund ein qualvolles Ende zu ersparen. Über das Wie sollte er sich frühzeitig Gedanken machen.

Im Alter ist der Teckel häufig Patient beim Tierarzt, der vernünftig raten kann, wann eine Behandlung sinnlos wird. Er wird dem Teckelhalter in diesem Fall vorschlagen, den Hund einschläfern zu lassen. Ob man bei seinem Tod zugegen ist, ist eine Frage, die jeder für sich entscheiden muß. Das Tier empfindet aus dem Verhalten der vertrauten Person, daß eine Veränderung bevorsteht, und sollte deshalb nicht allein gelassen werden – zumindest so lange nicht, bis die Betäubung vor der tödlichen Spritze einsetzt.

In der Erinnerung wird der Teckel nicht alt und krank bleiben, sondern wieder das werden, was er für viele Jahre war: der muntere, kluge, anhängliche Begleiter seines Herrn.

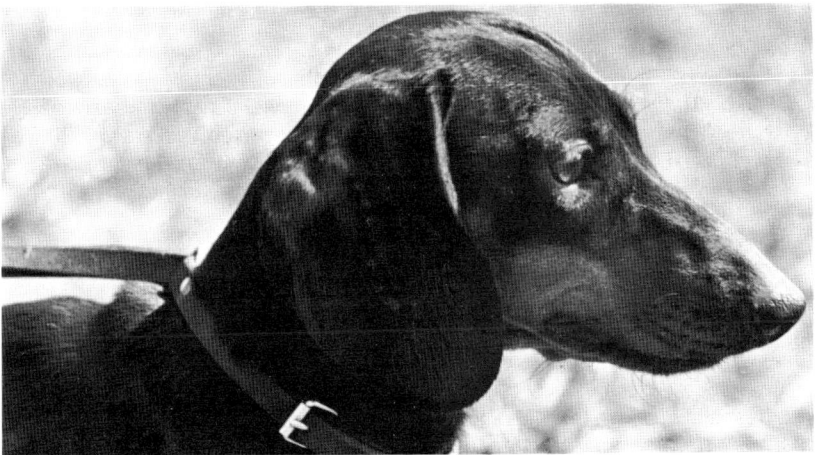

Ein edler, ausdrucksvoller Kurzhaarhündinnen-Kopf der »Bs. 1979 Echse von Schlendrian«.

Register

Nützliche Ratgeber

Essen und Trinken

FALKEN EXKLUSIV
Kochen in höchster Vollendung
Aus vier Elementen ist alles zusammen-
gefügt (Theophrast). (4291) Von M. Wissing,
M. Kirsch, 160 S., 230 Farbfotos, Leinen
geprägt mit Schutzumschlag, im Schuber,
DM 98,–, S 784.–

Was koche ich heute?
Neue Rezepte für Fix-Gerichte. (0608) Von A.
Badelt-Vogt, 112 S., 16 Farbtafeln, kart. ●

Kochen für 1 Person
Rationell wirtschaften, abwechslungsreich
und schmackhaft zubereiten. (0586) Von M.
Nicolin, 136 S., 8 Farbtafeln, 23 Zeichnungen, kart. ●

Schnell und individuell
Die raffinierte Single-Küche
(4266) Von F. Faist, 160 S., 151 Farbfotos,
Pappband. ● ● ●

Gesunde Kost aus dem Römertopf
(0442) Von J. Kramer, 128 S., 8 Farbtafeln,
13 Zeichnungen, kart. ●

FALKEN-FEINSCHMECKER
Pasta in Höchstform **Nudeln**
(0884) Von M. Kirsch, 64 S., 62 Farbfotos,
Pappband. ●

Nudelgerichte
– lecker, locker, leicht zu kochen. (0466) Von
C. Stephan, 80 S., 8 Farbtafeln, kart. ●

FALKEN-FEINSCHMECKER
In Hülle und Fülle
Pasteten und Terrinen
(0883) Von M. Kirsch, 48 S., 62 Farbfotos,
Pappband. ●

FALKEN-FEINSCHMECKER
Spezialitäten unter knuspriger Decke
Aufläufe
(0882) Von C. Adam, 48 S., 33 Farbfotos,
Pappband. ●

Eintöpfe und Aufläufe
Das Beste aus den Kochtöpfen der Welt
(5079) Von A. und G. Eckert, 64 S., 50 Farbfotos, Pappband. ● ●

FALKEN-FEINSCHMECKER
Herzhaftes für Leib und Seele
Eintöpfe
(0820) Von P. Klein, 48 S., 30 Farbfotos,
Pappband. ●

Schnell und gut gekocht
Die tollsten Rezepte für den Schnellkochtopf.
(0265) Von J. Ley, 96 S., 8 Farbtafeln, kart. ●

Kochen und backen im Heißluftherd
Vorteile, Gebrauchsanleitung, Rezepte.
(0516) Von K. Kölner, 72 S., 8 Farbtafeln,
kart. ●

Zaubern mit der schnellen Welle
Die neue Mikrowellenküche
(4289) Von F. Faist, 208 S., 188 Farbfotos,
Pappband. ● ● ●

Das neue Mikrowellen-Kochbuch
(0434) Von H. Neu, 64 S., 4 Farbtafeln,
16 s/w-Zeichnungen, kart. ●

Ganz und gar mit Mikrowellen
(4094) Von T. Peters, 208 S., 24 Farbfotos,
12 Zeichnungen, kart. ● ● ●

FALKEN-FEINSCHMECKER
Schnell auf den Tisch gezaubert
Kochen mit Mikrowellen
(0818) Von A. Danner, 64 S., 52 Farbfotos,
Pappband. ●

Marmeladen, Gelees und Konfitüren
Köstlich wie zu Omas Zeiten – einfach
selbstgemacht. (0720) Von M. Gutta, 32 S.,
23 Farbfotos, 1 Zeichnung, Pappband. ●

Einkochen
nach allen Regeln der Kunst. (0405) Von
B. Müller, 128 S., 8 Farbtafeln, kart. ●

Einkochen, Einlegen, Einfrieren
(4055) Von B. Müller, 152 S., 27 s/w.-Abb.,
kart. ●

Haltbarmachen in der Öko-Küche
Gesunde Konservierungsmethoden für Obst,
Gemüse, Kräuter und Pilze. (0932) Von
M. Bustorf-Hirsch, 120 S., 56 Farbfotos,
36 Farbzeichnungen. kart. ● ●

FALKEN-FEINSCHMECKER
Goldbraun und knusprig
Fritierte Leckerbissen
(0868) Von F. Faist, 64 S., 47 Farbfotos,
Pappband. ●

Das neue Fritieren
geruchlos, schmackhaft und gesund. (0365)
Von P. Kühne, 96 S., 8 Farbtafeln, kart. ●

FALKEN-FEINSCHMECKER
Die Krönung der feinen Küche
Saucen
(0817) Von G. Cavestri, 48 S., 40 Farbfotos,
Pappband. ●

FALKEN-FEINSCHMECKER
Edler Kern in harter Schale
Meeresfrüchte
(0886) Von L. Grieser, 48 S., 52 Farbfotos,
Pappband. ●

FALKEN-FEINSCHMECKER
Von Tatar und falschen Hasen
Hackfleisch
(0866) Von A. und G. Eckert, 64 S., 42 Farbfotos, Pappband. ●

Mehr Freude und Erfolg beim **Grillen**
(4141) Von A. Berliner, 160 S., 147 Farbfotos,
10 farbige Zeichnungen, Pappband. ● ● ●

Grillen für Geniesser
Fleisch · Fisch · Beilagen · Soßen. (5001) Von
E. Fuhrmann, 64 S., 38 Farbfotos, Pappband.
● ●

FALKEN-FEINSCHMECKER
Köstliches von Rost und Spieß
Grillen
(0931) Von A. Kalcher-Dähn, H. K. Kalcher,
64 S., 43 Farbfotos, Pappband. ●

Chinesisch kochen
mit dem Wok-Topf und dem Mongolen-Topf.
(0557) Von C. Korn, 64 S., 8 Farbtafeln, kart. ●

FALKEN-FEINSCHMECKER
Verheißungsvoll fernöstlich
Spezialitäten aus dem Wok
(0933) Von H. K. Jen, 64 S., 56 Farbfotos,
Pappband. ●

Schlemmerreise durch die
Chinesische Küche
(4184) Von K. H. Jen, 160 S., 117 Farbfotos,
Pappband. ● ● ●

Nordische Küche
Speisen und Getränke von der Küste. (5082)
Von J. Kürtz, 64 S., 44 Farbfotos, Pappband. ● ●

Essen in Hessen
Spezialitäten zwischen Schwalm und Oden-
wald. (0837) Von R. Witt, 120 S.,
10 s/w-Zeichnungen, Pappband. ● ●

Schlemmerreise durch die
Französische Küche
(4296) Von H. Imhof, 160 S., 147 Farbfotos, 3
s/w-Fotos, Pappband. ● ● ●

Französisch kochen
Eine kulinarische Reise durch Frankreich.
(5016) Von M. Gutta, 64 S., 35 Farbfotos,
Pappband. ● ●

Französische Küche
(0685) Von M. Gutta, 96 S., 16 Farbtafeln,
kart. ●

**Französische Spezialitäten aus dem
Backofen**
Herzhafte Tartes und Quiches mit Fleisch,
Fisch, Gemüse und Käse
(5146) Von P. Klein, 64 S., 43 Farbfotos,
Pappband. ● ●

FALKEN-FEINSCHMECKER
Aus lauter Lust und Liebe
Knoblauch
(0867) Von L. Reinirkens, 64 S., 45 Farbfotos, Pappband. ●

Kochen und würzen mit **Knoblauch**
(0725) Von A. und G. Eckert, 96 S., 8 Farbtafeln, kart. ●

Schlemmerreise durch die
Italienische Küche
(4172) Von V. Pifferi. 160 S., 109 Farbfotos,
Pappband. ● ● ●

**Pizza, Pasta und die feine italienische
Küche**
(4270) Von R. Rudatis, 120 S., 255 Farbfotos,
Pappband. ● ● ●

Italienische Küche
Ein kulinarischer Streifzug mit regionalen
Spezialitäten. (5026) Von M. Gutta, 64 S.,
35 Farbfotos, Pappband. ● ●

FALKEN-FEINSCHMECKER
Schlemmen wie bei Mamma Maria
Pizzas
(0815) Von F. Faist, 64 S., 62 Farbfotos, Pappband. ●

Köstliche Pilzgerichte
Tips und Rezepte für die häufigsten Pilzgat-
tungen. (5133) Von V. Spicker-Noack, M.
Knoop, 64 S., 52 Farbfotos, Pappband. ● ●

Fondues
und fritierte Leckerbissen. (0471) Von
S. Stein, 96 S., 8 Farbtafeln, kart. ●

Fondues · Raclettes · Flambiertes
(4081) Von R. Peiler und M.-L. Schult, 136 S.,
15 Farbtafeln, 28 Zeichnungen, kart. ● ●

**Neue, raffinierte Rezepte mit dem
Raclette-Grill**
(0558) Von L. Helger, 56 S., 8 Farbtafeln,
kart. ●

**Rezepte rund um Raclette und
Doppeldecker**
(0420) Von J. W. Hochscheid, 72 S., 8 Farbtafeln, kart. ●

Die hier vorgestellten Bücher, Videokassetten und Software sind in folgende Preisgruppen unterteilt:

● Preisgruppe bis DM 10,–/S 79,–
● ● Preisgruppe über DM 10,– bis DM 20,–
S 80,– bis S 160,–
● ● ● Preisgruppe über DM 20,– bis DM 30,–
S 161,– bis S 240,–
● ● ● ● Preisgruppe über DM 30,– bis DM 50,–
S 241,– bis S 400,–
● ● ● ● ● Preisgruppe über DM 50,–/S 401,–
*(unverbindliche Preisempfehlung)

Die Preise entsprechen dem Status beim Druck dieses Verzeichnisses (s. Seite 1) – Änderungen, im besonderen der Preise, vorbehalten –

Fondues und Raclettes
(4253) Von F. Faist, 160 S., 125 Farbfotos,
Pappband. ●●●
FALKEN-FEINSCHMECKER
Schmelzendes Käsevergnügen
Raclette
(0881) Von F. Faist, 48 S., 33 Farbfotos, Papp-
band. ●
Kulinarischer Feuerzauber
Flambieren
(4294) Von R. Wesseler, 120 S., 100 Farb-
fotos, Pappband. ●●●
Kochen und würzen mit
Paprika
(0792) Von A. und G. Eckert, 88 S., 8 Farb-
tafeln, kart. ●
Köstlichkeiten für Gäste und Feste
Kalte Platten
(4200) Von I. Pfliegner. 160 S., 130 Farbfotos,
Pappband. ●●●
Kalte Happen und Partysnacks
Canapés, Sandwiches, Pastetchen, Salate
und Suppen. (5029) Von D. Peters, 64 S.,
44 Farbfotos, Pappband. ●●
Garnieren und Verzieren
(4236) Von R. Biller, 160 S., 329 Farbfotos,
57 Zeichnungen, Pappband. ●●●
Desserts
Puddings, Joghurts, Fruchtsalate, Eis,
Gebäck, Getränke. (5020) Von M. Gutta,
64 S., 41 Farbfotos, Pappband. ●●
FALKEN-FEINSCHMECKER
Süße Verführungen
Desserts
(0885) Von M. Bacher, 64 S., 75 Farbfotos,
Pappband. ●
FALKEN-FEINSCHMECKER
Süße Geheimnisse eiskalt gelüftet
Eis und Sorbets
(0870) Von H. W. Liebheit, 48 S., 38 Farb-
fotos, Pappband. ●
Crêpes, Omeletts und Soufflés
Pikante und süße Spezialitäten. (5131) Von
J. Rosenkranz, 64 S., 45 Farbfotos, Papp-
band. ●●
Kuchen und Torten
Die besten und beliebtesten Rezepte. (5067)
Von M. Sauerborn, 64 S., 79 Farbfotos, Papp-
band. ●●
Tortenträume und Kuchenfantasien
Gebackene Köstlichkeiten originell dekoriert
und verziert. (0823) Von F. Faist, 80 S.,
150 Farbfotos, kart. ●●
Backen mit Lust und Liebe
(4284) Von M. Schumacher, R. Krake, 242 S.,
348 Farbfotos, 18 farb. Vignetten, 3 vier-
seitige Ausklapptafeln, Pappband. ●●●●
Backen, was allen schmeckt
Kuchen, Torten, Gebäck und Brot. (4166) Von
E. Blome, 556 S., 40 Farbtafeln, Pappband.
●●●
Meine Vollkornbackstube
Brot · Kuchen · Aufläufe. (0616) Von
R. Raffelt, 96 S., 4 Farbtafeln, 12 Zeich-
nungen, kart. ●
FALKEN-FEINSCHMECKER
Knusprig, kernig, urgesund
Vollkornbrot
(0938) Von S. Reiter, 64 S., 56 Farbfotos,
Pappband. ●
FALKEN-FEINSCHMECKER
Mit Körnern, Zimt und Mandelkern
Vollkorngebäck
(0816) Von M. Bustorf-Hirsch, 48 S., 39 Farb-
fotos, Pappband. ●

Biologisch Backen
Neue Rezeptideen für Kuchen, Brote, Klein-
gebäck aus vollem Korn. (4174) Von
M. Bustorf-Hirsch, 136 S., 15 Farbtafeln,
47 Zeichnungen, kart. ●●
Selbst Brotbacken
Über 50 erprobte Rezepte. (0370) Von
J. Schiermann, 80 S., 6 Zeichnungen, 4 Farbtafeln, kart. ●
Mehr Freude und Erfolg beim
Brotbacken
(4148) Von A. und G. Eckert, 160 S.,
177 Farbfotos, Pappband. ●●●
Brotspezialitäten
knusprig backen – herzhaft kochen.
(5088) Von J. W. Hochscheid, L. Helger,
64 S., 48 Farbfotos, Pappband. ●●
Weihnachtsbäckerei
Köstliche Plätzchen, Stollen, Honigkuchen
und Festtagstorten. (0682) Von M. Sauerborn, 32 S., 34 Farbfotos, Pappband. ●
Waffeln
süß und pikant. (0522) Von C. Stephan,
64 S., 8 Farbtafeln, kart. ●
Alles mit Joghurt
tagfrisch selbstgemacht. Mit vielen Rezepten. (0382) Von G. Volz, 88 S., 8 Farbtafeln,
kart. ●
Joghurt, Quark, Käse und Butter
Schmackhaftes aus Milch hausgemacht.
(0739) Von M. Bustorf-Hirsch. 32 S., 59 Farb-
abb., Pappband. ●
FALKEN-FEINSCHMECKER
Raffiniert und gesund würzen
Kräuterküche
(0869) Von A. Görgens, 48 S.,43 Farbfotos,
Pappband. ●
Miekes Kräuter- und Gewürzkochbuch
(0323) Von I. Persy, K. Mieke, 96 S., 8 Farb-
tafeln, kart. ●
Das köstliche knackige Schlemmer-
vergnügen.
Salate
(4165) Von V. Müller. 160 S., 80 Farbfotos,
Pappband. ●●●
FALKEN-FEINSCHMECKER
Frisch und leicht als Hauptgericht
Schlemmersalate
(0934) Von C. Adam, 64 S., 49 Farbfotos,
Pappband. ●
111 köstliche Salate
Erprobte Rezepte mit Pfiff. (0222) Von
C. Schönherr, 96 S., 8 Farbtafeln, 30 Zeich-
nungen, kart. ●
FALKEN-FEINSCHMECKER
Köstlich frisch auf den Tisch
Rohkostsalate
(0865) Von C. Adam, 48 S., 26 Farbfotos,
Pappband. ●
Die abwechslungsreiche
Vollwertküche
Vitaminreich und naturbelassen kochen und
backen. (4229) Von M. Bustorf-Hirsch,
K. Siegel, 280 S., 31 Farbtafeln, 78 Zeich-
nungen, Pappband. ●●●●
Die feine Vollwertküche
(4286) Von M. Bustorf-Hirsch, 160 S.,
83 Farbfotos, Pappband. ●●●
Meine Vollkornküche
Herzhaftes von echtem Schrot und Korn
(0858) Von S. Walz, 128 S., 8 Farbtafeln, kart.
●

FALKEN-FEINSCHMECKER
Dinkel, Hirse, Roggenkorn…
Kerniges aus der Getreideküche
(0932) Von S. Frank, 64 S., 49 Farbfotos,
Pappband. ●
FALKEN-FEINSCHMECKER
Die verlockende Alternative
Süße Vollwertküche
(0936) Von A. Roßmeier, 64 S., 50 Farbfotos,
Pappband. ●
FALKEN-FEINSCHMECKER
Die gesunde Art, sich zu verwöhnen
Vollwertküche für Singles
(0937) Von A. Görgens, 64 S., 43 Farbfotos,
Pappband. ●
Alternativ essen
Die gesunde Sojaküche.
(0553) Von U. Kolster, 112 S., 8 Farbtafeln,
kart. ●
Kochen mit Tofu
Die gesunde Alternative. (0894) Von
U. Kolster, 80 S., 8 Farbtafeln, kart. ●
Das Reformhaus-Kochbuch
Gesunde Ernährung mit hochwertigen Natur-
produkten. (4180) Von A. und G. Eckert,
160 S. 15 Farbtafeln, Pappband. ●●●
Gesund kochen mit Keimen und
Sprossen
(0794) Von M. Bustorf-Hirsch, 104 S., 8 Farb-
tafeln, 13 s/w-Zeichnungen, kart. ●
Keime und Sprossen in der Naturküche
(4299) Von M. Bustorf-Hirsch, 96 S.,
144 Farbfotos, Pappband. ●●
Die feine Vegetarische Küche
(4235) Von F. Faist, 160 S., 191 Farbfotos,
Pappband. ●●●
Biologische Ernährung
für eine natürliche und gesunde Lebensweise. (4125) Von G. Leibold, 136 S., 15 Farbtafeln, 47 Zeichnungen, kart. ●
Gesunde Ernährung für mein Kind
(0776) Von M. Bustorf-Hirsch, 96 S., 8 Farbtafeln, 5 s/w Zeichnungen, kart. ●
Vitaminreich und naturbelassen
Biologisch Kochen
(4162) Von M. Bustorf-Hirsch, K. Siegel,
144 S., 15 Farbtafeln, 31 Zeichnungen, kart.
●●
Gesund kochen
wasserarm · fettfrei · aromatisch. (4060) Von
M. Gutta, 240 S., 16 Farbtafeln, Pappband.
●●●
Naturküche à la carte
(4406) Von M. Wissing, M. Kirsch, 160 S.,
179 Farbfotos, Pappband. ●●●●
Würzig kochen ohne Salz
(0922) Von S. Roediger-Streubel, 160 S.,
16 Farbtafeln, kart. ●●
Natursammlers Kuchbuch
Wildfrüchte und Gemüse, Pilze, Kräuter –
finden und zubereiten. (4040) Von C. M.
Kerler, 140 S., 12 Farbtafeln, kart. ●●
Kräuter- und Heilpflanzen-Kochbuch
für eine gesunde Lebensweise. (4066) Von
P. Pervenche, 143 S., 15 Farbtafeln. kart. ●
●●**Pralinen und Konfekt**
Kleine Köstlichkeiten selbstgemacht. (0731)
Von H. Engelke, 32 S., 57 Farbfotos,
Pappband. ●
FALKEN-FEINSCHMECKER
Zart schmelzende Versuchungen
Schokolade
(0819) Von J. Schroer, 48 S., 53 Farbfotos,
Pappband. ●

Das richtige Frühstück
Gesunde Vollwertkost vitaminreich und
naturbelassen. (0784) Von C. Kratzel, R. Böll,
32 S., 28 Farbfotos, Pappband. ●

Bocuse à la carte
Französisch kochen mit dem Meister.
(4237) Von P. Bocuse, 88 S., 218 Farbfotos,
Pappband. ●●

Kochschule mit Paul Bocuse
(6016) VHS, 60 Min. in Farbe. ●●●●●*

Der schön gedeckte Tisch
Vom einfachen Gedeck bis zur Festtafel stim-
mungsvoll und perfekt arrangiert.
(4246) Von H. Tapper, 112 S., 206 Farbabbildungen, 21 s/w-Abbildungen, Pappband.
●●●

Servietten dekorativ falten
Geschmackvolle Anregungen aus Stoff und
Papier. (0804) Von H. Tapper, 3T S., 134 Farb-
fotos, Pappband.

Cocktails
(4267) Von W. R. Hoffmann, W. Hubert,
U. Lottring, 160 S., 164 Farbfotos, 1 s/w-Foto,
Pappband. ●●

Neue Cocktails und Drinks
mit und ohne Alkohol. (0517) Von S. Späth,
128 S., 4 Farbtafeln, kart., ●

Mixgetränke
mit und ohne Alkohol (5017) Von C. Arius,
64 S., 35 Farbfotos, Pappband. ●●

FALKEN-FEINSCHMECKER
Fruchtig, spritzig, eisgekühlt
Mixen ohne Alkohol
(0935) Von S. Späth, 64 S., 44 Farbfotos,
Pappband. ●

Cocktails und Mixereien
für häusliche Feste und Feiern. (0075) Von
J. Walker, 96 S., 4 Farbtafeln, kart. ●

Die besten Punsche, Grogs und Bowlen
(0575) Von F. Dingden, 96 S., 4 Farbtafeln,
kart. ●

Weine und Säfte, Liköre und Sekt
selbstgemacht. (0702) Von P. Arauner,
232 S., 76 Abb., kart. ●●

Mitbringsel aus meiner Küche
selbst gemacht und liebevoll verpackt.
(0668) Von C. Schönherr, 32 S., 30 Farbfotos,
Pappband. ●

Weinlexikon
Wissenswertes über die Weine der Welt.
(4149) Von U. Keller, 228 S., 6 Farbtafeln,
395 s/w-Fotos, Pappband. ●●●

Heißgeliebter Tee
Sorten, Rezepte und Geschichte. (4114) Von
C. Maronde, 153 S., 16 Farbtafeln, 93 Zeich-
nungen, Pappband. ●●●

Tee für Genießer.
Sorten · Riten · Rezepte. (0356) Von M. Nicol-
lin, 64 S., 4 Farbtafeln, kart. ●

Tee
Herkunft · Mischungen · Rezepte. (0515) Von
S. Ruske, 96 S., 4 Farbtafeln, 16 s/w-Abbil-
dungen, Pappband. ●

Kinder lernen spielend backen
(5110) Von M. Gutta, 64 S., 45 Farbfotos,
Pappband. ●●

Kinder lernen spielend kochen
Lieblingsgerichte mit viel Spaß selbst zube-
reitet. (5096) Von M. Gutta, 64 S., 45 Farbfotos, Pappband. ●●

Komm, koch mit mir
Kunterbuntes Kochvergnügen für Kinder.
(4285) Von S. und H. Theilig, Illustrationen
von B. v. Hayek, 96 S., 48 Farbfotos,
350 Farb- und 1 s/w-Zeichnung, Pappband.
●●

Schlank werden nach Dr. Hay
Trennkost
Die bewährten Vollwert-Rezepte von Ursula
Summ. (4298) Von U. Summ, 96 S., 54 Farb-
tafeln, 1 Zeichnung, kart. ●●

Gesund leben – schlank werden mit der
Bio-Kur
(0657) Von S. Winter. 144 S., 4 Farbtafeln,
kart. ●

SLIM
Der neue, individuelle Schlankheitsplan
(4277) Von Prof. Dr. E. Menden, W. Aign.
120 S., und 48 Farbfotos, Pappband. ●●●

Kalorien – Joule
Eiweiß · Fett · Kohlenhydrate tabellarisch
nach gebräuchlichen Mengen. (0374) Von
M. Bormio, 88 S., kart. ●

Vitamine und Ballaststoffe
So ermittle ich meinen täglichen Bedarf
(0746) Von Prof. Dr. M. Wagner, I. Bongartz.
96 S., 6 Farbabb., zahlreiche Tabellen, kart. ●

Hobby und Freizeit

Aquarellmalerei
als Kunst und Hobby. (4147) Von H. Haack,
B. Wersche, 136 S., 62 Farbfotos, 119 Zeichnungen, Pappband. ●●●●

Aquarellmalerei
Materialien · Techniken · Motive.
(5099) Von T. Hinz, 64 S., 79 Farbfotos,
Pappband. ●●

Hobby Aquarellmalen
Landschaft und Stilleben. (0876) Von
I. Schade, A. Brück, 80 S., 111 Farbabbildun-
gen, kart. ●●

Videokassette
Hobby Aquarellmalen
Landschaft und Stilleben (6022) VHS,
ca. 40 Min., in Farbe. ●●●●*

Aquarellmalerei leicht gelernt
Materialien · Techniken · Motive.
(0787) Von T. Hinz, R. Braun, B. Zeidler,
32 S., 38 Farbfotos, 1 Zeichnung, Pappband.
●

Aquarellieren auf Seide
Materialien · Techniken · Motive.
(0917) Von I. Demharter, 32 S., 41 Farbfotos,
Pappband. ●

Hobby Ölmalerei
Landschaft und Stilleben. (0875) Von
H. Kämper, I. Becker, 80 S., 93 Farbabb., kart.
●●

Videokassette
Hobby Ölmalerei
Landschaft und Stilleben (6025) VHS,
ca. 40 Min., in Farbe. ●●●●*

Falken-Handbuch
Zeichnen und Malen
(4167) Von B. Bagnall, 336 S., 1154 Farbabb.,
Pappband. ●●●●

Das große farbige PLAKA-Buch
Malen und Basteln
(4402) Von H.-J. Giesecke, 192 S., 225 Farbfotos, 20 Farb- und 4 s/w- Zeichnungen,
Pappband. ●●

Das große farbige
Bastelbuch für Kinder
(4254) Von U. Barff, I. Burkhardt, J. Maier.
224 S., 157 Farbfotos, 430 Farb- und 69 s/w-
Zeichnungen, Pappband. ●●●

Punkt, Punkt, Komma, Strich
Zeichenstunden für Kinder. (0564) Von
H. Witzig, 144 S., über 250 Zeichnungen,
kart. ●

Einmal grad und einmal krumm
Zeichenstunden für Kinder. (0599) Von
H. Witzig, 144 S., 363 Abb. kart. ●

Naive Malerei
Materialien · Motive · Techniken. (5083) Von
F. Krettek, 64 S., 76 Farbfotos, Pappband.
●●

Bauernmalerei
als Kunst und Hobby. (4057) Von A. Gast,
H. Stegmüller, 128 S., 239 Farbfotos, 26 Riß-
Zeichnungen, Pappband. ●●●●

Hobby Bauernmalerei
(0436) Von S. Ramos und J. Roszak, 80 S.,
116 Farbfotos und 28 Motivvorlagen, kart.
●●

Bauernmalerei
Kreatives Hobby nach alter Volkskunst
(5039) Von S. Ramos, 64 S., 85 Farbfotos,
Pappband. ●●

Glasmalerei
als Kunst und Hobby. (4088) Von F. Krettek
und S. Beeh-Lustenberger, 132 S., 182 Farbfotos, 38 Motivvorlagen, Pappband. ●●●●

Naive Hinterglasmalerei
Materialien · Techniken · Bildvorlagen
(5145) Von F. Krettek, 64 S., 87 Farbfotos,
6 Zeichnungen, Pappband. ●●

Kalligraphie
Die Kunst des schönen Schreibens
(4263) Von C. Hartmann, 120 S., 44 Farbvor-
lagen, 29 s/w-Vorlagen, 2 s/w-Zeichnungen,
38 Farbfotos, Pappband. ●●●●

Seidenmalerei als Kunst und Hobby
(4264) Von S. Hahn, 136 S., 256 Farbfotos,
1 s/w-Foto, 34 Farbzeichnungen, Pappband.
●●●●

Kunstvolle Seidenmalerei
Mit zauberhaften Ideen zum Nachgestalten.
(0783) Von I. Demharter, 32 S., 56 Farbfotos,
Pappband. ●●

Zauberhafte Seidenmalerei
Materialien · Techniken · Gestaltungsvorschläge. (0664) Von E. Dorn, 32 S.,
62 Farbfotos, Pappband. ●●

Neue zauberhafte Seidenmalerei
Motive und Anregungen aus der Natur.
(0924) Von R. Henge, 80 S., 148 Farbfotos,
27 s/w-Zeichnungen, kart. ●●

Hobby Seidenmalerei
(0611) Von R. Henge, 88 S., 106 Farbfotos,
28 Zeichnungen, kart. ●●

Hobby Stoffdruck und Stoffmalerei
(0555) Von A. Ursin, 80 S., 68 Farbfotos,
68 Zeichnungen, kart. ●●

Stoffmalerei und Stoffdruck
Materialien · Techniken · Ideen · Modelle
(5074) Von H. Gehring, 64 S., 110 Farbfotos,
Pappband. ●●

Batik
leicht gemacht. Materialien ·Färbetechniken ·
Gestaltungsideen. (5112) Von A. Gast, 64 S.,
105 Farbfotos, Pappband. ●●

Kreatives Bilderweben
Materialien − Vorlagen − Motive
(0814) Von A. Schulte-Huxel, 32 S., 58 Farbfotos, 8 Zeichnungen, Pappband. ●

Hobby Applikationen
Materialien · Techniken · Modelle.
(0899) Von H. Probst-Reinhardt, 80 S.,
92 Farbfotos, 31 Zeichnungen, kart. ●●

Flechten
mit Bast, Stroh und Peddigrohr. (5098) Von
H. Hangleiter, 64 S., 47 Farbfotos, 76 Zeichnungen, Pappband. ●●

Falken-Handbuch
Nähen
Abc der Nähtechniken und kreative Modell-
schneiderei in ausführlichen Schritt-für-
Schritt-Bildfolgen. (4272) Von A. Bree,
320 S., 1142 Abbildungen, Schnittmusterbogen für alle Modelle, Pappband. ●●●●

Falken-Handbuch
Häkeln
ABC der Häkeltechniken und Häkelmuster in
ausführlichen Schritt-für-Schritt-Bildfolgen.
(4194) Von H. Fuchs, M. Natter, 288 S.,
597 Farbfotos, 476 farbige Zeichnungen.
Pappband. ●●●●

Häkeln
Schritt für Schritt für Rechts- und Linkshän-
der. (5134) Von H. Klaus, 64 S., 120 Farbfotos, 144 Zeichnungen, Pappband. ●●

Monogrammstickerei
Mit Vorlagen für Initialen, Vignetten und
Ornamente. (5148) Von H. Fuchs, 64 S.,
50 Farbfotos, 50 Zeichnungen, Pappband.
●●

Falken-Handbuch
Stricken
ABC der Stricktechniken und Strickmuster in
ausführlichen Schritt-für-Schritt-Bildfolgen.
(4137) Von M. Natter, 312 S., 106 Farb- und
922 s/w-Fotos, 318 Zeichnungen, Pappband.
●●●●

Das moderne Standardwerk von der
Expertin
Perfekt Stricken
Mit Sonderteil Häkeln. (4250) Von H. Jaacks,
256 S., 703 Farbfotos, 169 Farb- und
121 s/w-Zeichnungen, Pappband. ●●●

Videokassette Stricken
(6007) VHS. Von P. Krolikowski-Habicht,
H. Jaacks, 51 Min., in Farbe. ●●●●*

Stricken
Schritt für Schritt für Rechts- und Links-
händer. (5142) Von S. Oelwein-Schefczik,
64 S., 148 Farbfotos, 173 Zeichnungen,
Pappband. ●●

Die schönsten Handarbeiten zum
Verschenken
(4225) Von B. Wenzelburger, 128 S.,
156 Farbfotos, 70 zweifarbige Zeichnungen,
Pappband. ●●●●

Kuscheltiere stricken und häkeln
Arbeitsanleitungen und Modelle. (0734) Von
B. Wehrle, 32 S., 60 Farbfotos, 28 Zeichnun-
gen, Spiralbindung. ●

Hobby Patchwork und Quilten
(0768) Von B. Staub-Wachsmuth, 80 S.,
108 Farbabb., 43 Zeichnungen, kart. ●●

Hobby Spitzencollagen
Bezaubernde Motive aus edlem Material.
(0847) Von H. Westphal, 80 S., 186 Farbfotos, kart. ●●

Textiles Gestalten
Weben, Knüpfen, Batiken, Sticken, Objekte
und Strukturen. (5123) Von J. Fricke, 136 S.,
67 Farb- und 189 s/w-Fotos, 15 Zeichnungen, kart. ●●

Gestalten mit Glasperlen
fädeln · sticken · weben (0640) Von A. Köhler, 32 S., 55 Farbfotos, Spiralbindung. ●

Schmuck, Accessoires und Dekoratives
aus Fimo modelliert. (0873) Von A. Aurich,
32 S., 54 Farbfotos, Pappband. ●

Exklusiver Modeschmuck,
aus dem eigenen Atelier
(0925) Von J. Niemeier, J. Klein, 80 S.,
141 Farbfotos, 25 Zeichnungen, kart. ●●

Neue zauberhafte Salzteig-Ideen
(0719) Von I. Kiskalt, 80 S., 324 Farbfotos,
12 Zeichnungen, kart. ●●

Hobby Salzteig
(0662) Von I. Kiskalt, 80 S., 150 Farbfotos,
5 Zeichnungen, Schablonen, kart. ●●

Gestalten mit Salzteig
formen · bemalen · lackieren. (0613) Von
W.-U. Cropp, 32 S., 56 Farbfotos, 17 Zeichnungen, Pappband. ●

Originell und dekorativ
Salzteig mit Naturmaterialien
(0833) Von A. und H. Wegener, 80 S.,
166 Farbfotos, kart. ●●

Buntbemalte Kunstwerke aus Salzteig
Figuren, Landschaften und Wandbilder.
(5141) Von G. Belli, 64 S., 165 Farbfotos,
1 Zeichnung, Pappband. ●●

Kreatives Gestalten mit Salzteig
Originelle Motive für Fortgeschrittene. (0769)
Hrsg. I. Kiskalt, 80 S., 168 Farbfotos, kart. ●●

Videokassette Salzteig
(6010) VHS. Von I. Kiskalt, Dr. A. Teuchert,
in Farbe, ca. 35 Min. ●●●●*

Tiffany-Spiegel selbermachen
Materialien · Arbeitsanleitung · Vorlagen.
(0761) Von R. Thomas, 32 S., 53 Farbfotos,
Pappband. ●

Tiffany-Schmuck selbermachen
Materialien · Arbeitsanleitungen · Modelle.
(0871) Von B. Poludniak, H. W. Scheib, 32 S.,
54 Farbfotos, 3 Zeichnungen, Pappband. ●

Tiffany-Lampen selbermachen
Arbeitsanleitung · Materialien · Modelle.
(0684) Von I. Spliethoff, 32 S., 60 Farbfotos,
Pappband. ●

Hobby Glaskunst in Tiffany-Technik
(0781) Von N. Köppel, 80 S., 194 Farbfotos,
6 s/w-Abb., kart. ●●

Altes Brauchtum neu endeckt
Schmuck-Eier
Kunstvoll gestalten und verzieren. (0919)
Von I. Kiskalt, 32 S., 45 Farbfotos,
3 s/w-Zeichnungen, Pappband. ●

Origami −
Die Kunst des Papierfaltens. (0280) Von
R. Harbin, 160 S., 633 Zeichnungen, kart. ●

Hobby Origami
Papierfalten für groß und klein.
(0756) Von Z. Aytüre-Scheele, 88 S., über
800 Farbfotos, kart. ●

Neue zauberhafte Origami-Ideen
Papierfalten für groß und klein.
(0805) Von Z. Aytüre-Scheele, 80 S.,
720 Farbfotos, kart. ●

Weihnachtsbasteleien
(0667) Von M. Kühnle, 32 S., Beck, 32 S.,
56 Farbfotos, 6 Zeichnungen, Pappband. ●

Alle Jahre wieder…
Avent und Weihnachten
Basteln − Backen − Schmücken − Singen −
Vorlesen − Feiern.
(4260) Von H. und Y. Nadolny, 256 S.,
105 Farbfotos, 130 Zeichnungen, Pappband.
●●●

Bastelspaß mit der Laubsäge
Mit Schnittmusterbogen für viele Modelle in
Originalgröße. (0741) Von L. Giesche,
M. Bausch, 32 S., 61 Farbfotos, 7 Zeichnun-
gen, Schnittmusterbogen, Pappband. ●

Strohschmuck selbstgebastelt
Sterne, Figuren und andere Dekorationen
(0740) Von E. Rombach, 32 S., 60 Farbfotos,
17 Zeichnungen, Pappband. ●

Das Herbarium
Pflanzen sammeln, bestimmen und pressen.
(5113) Von I. Gabriel, 96 S., 140 Farbfotos,
Pappband. ●●

Gestalten mit Naturmaterialien
Zweige, Kerne, Federn, Muscheln und anderes. (5128) Von I. Krohn, 64 S., 101 Farbfotos,
11 farbige Zeichnungen, Pappband. ●●

Blütenbilder aus Blumen und Blättern
Phantasievolle Naturcollagen.
(0872) Von G. Schamp, 32 S., 57 Farbfotos, 1
Zeichnung, Pappband. ●

Dauergestecke
mit Zweigen, Trocken- und Schnittblumen.
(5121) Von G. Vocke, 64 S., 57 Farbfotos,
Pappband. ●●

Ikebana
Einführung in die japanische Kunst des Blu-
mensteckens. (0548) Von G. Vocke, 152 S.,
47 Farbfotos, kart. ●●

Hobby Trockenblumen
Gewürzsträuße, Gestecke, Kränze, Buketts.
(0643) Von R. Strobel-Schulze, 88 S.,
170 Farbfotos, kart. ●

Hobby Gewürzsträuße
und zauberhafte Gebinde nach Salzburger
Art. (0726) Von A. Ott, 80 S., 101 Farbfotos,
51 farbige Zeichnungen, kart. ●●

Trockenblumen und Gewürzsträuße
(5084) Von G. Vocke, 64 S., 63 Farbfotos,
Pappband. ●●

Töpfern
als Kunst und Hobby. (4073) Von J. Fricke,
132 S., 37 Farbfotos, 222 s/w-Fotos,
Pappband. ●●●●

Kreatives Gestalten mit Ton
Töpfern ohne Scheibe − Aufbaukeramik
(0896) Von A. Riedinger, 80 S., 207 Farbfotos, 16 Zeichnungen, 7 Vignetten, kart. ●●

Schöne Sachen modellieren
Originelles aus Cernit − ideenreich gestalten.
(0762) Von G. Thelen, 32 S., 105 Farbfotos,
Pappband. ●

Porzellanpuppen
Zauberhafte alte Puppen selbst nachbilden.
(5138) Von C. A. und D. Stanton, 64 S.,
58 Farbfotos, 22 Zeichnungen, Pappband. ●●

Zauberhafte alte Puppen
Sammeln · Restaurieren · Nachbilden
(4255) Von C. A. Stanton, J. Jacobs, 120 S.,
157 Farbfotos, 24 Zeichnungen, Pappband.
●●●●

Stoffpuppen
Liebenswerte Modelle selbermachen.
(5150) Von I. Wolff, 56 S., 115 Farbfotos,
15 Zeichnungen, mit Schnittmusterbogen,
Pappband. ●●

Hobby Puppen
Bezaubernde Modelle selbst gestalten.
(0742) Von B. Wenzelburger, 88 S., 163 Farbfotos, 41 Zeichnungen, 11 Schnittmuster,
kart. ●●

Selbstgestrickte Puppen
Materialien und Arbeitsanleitungen.
(0638) Von B. Wehrle, 32 S., 21 Farbfotos,
24 Zeichnungen, Pappband. ●

Dekorative Rupfenpuppen
Arbeitsanleitungen und Gestaltungsvorschläge. (0733) Von B. Wenzelburger, 32 S.,
57 Farbfotos, 14 Zeichnungen, Spiralbindung. ●

Phantasiepuppen stricken und häkeln
Märchenhafte Modelle mit Arbeitsanleitungen. (0813) Von B. Wehrle, 32 S., 26 Farbfotos, 30 einfarbige und 16 dreifarbige
Zeichnungen, Pappband. ●

Heißgeliebte Teddybären
Selbermachen · Sammeln · Restaurieren.
(0900) Von H. Nadolny, Y. Thalheim, 80 S.,
119 Farbfotos, 22 s/w-Zeichnungen, 14 S.
Schnittmusterbogen, kart. ●●

Schritt für Schritt zum Scherenschnitt
Materialien · Techniken · Gestaltungsvorschläge. (0732) Von H. Klingmüller, 32 S.,
38 Farbfotos, 44 Vorlagen, Pappband. ●

Hobby Drachen
bauen und steigen lassen. (0767) Von
W. Schimmelpenning, 80 S., 1 dreiseitige
Ausklapptafel, 55 Farbfotos, 139 Zeichnungen, kart. ●●

Ferngelenkte Motorflugmodelle
bauen und fliegen. (0400) Von W. Thies,
184 S., mit Zeichnungen und Detailplänen,
kart. ●●

Flugmodelle
bauen und einfliegen. (0361) Von W. Thies
und W. Rolf, 160 S., 63 Abb., 7 Faltpläne,
kart. ●●

Kleine Welt auf Rädern
Das faszinierende Spiel mit **Modelleisenbahnen** (4175) Von F. Eisen, 256 S., 72 Farb-
und 180 s/w-Fotos, 25 Zeichnungen,
Pappband. ●●●

Anlagenbau in Modultechnik
für Modelleisenbahnen und Dioramen.
(0845) Von J. Thal, 104 S., 68 Farbfotos,
28 Zeichnungen, kart. ●●●

Videokassette
Die Modelleisenbahn
Anlagenbau in Modultechnik. Neue kreative
Gestaltung. Neue raffinierte Techniken.
(6028) VHS, von J. Grahn, 30 Min., in Farbe,
●●●●*

Schiffsmodelle
selber bauen. (0500) Von D. und R. Lochner,
200 S., 93 Zeichnungen, 2 Faltpläne, kart.
●●

Ferngelenkte Segelflugmodelle
bauen und fliegen. (0446) Von W. Thies,
176 S., 22 s/w-Fotos, 115 Zeichnungen, kart.
●●

Garagentore selbst bemalt
Techniken und Motive. (0786) Von H. und Y.
Nadolny, 32 S., 24 Farbfotos, 12 s/w-Zeich-
nungen, Pappband. ●

Falken Handbuch
Heimwerken
Reparieren und Selbermachen im Haus und
Wohnung - über 1100 Farbfotos. Praktische
Tips vom Profi: Selbermachen, Reparieren,
Renovieren, Kostensparen. (4117) Von Th.
Pochert, 440 S., 1103 Farbfotos, 100 ein- und
zweifarbige Abb., Pappband. ●●●●

Falken-Heimwerker-Praxis
Tapezieren
(0743) Von W. Nitschke, 112 S., 186 Farbfotos, 9 Zeichnungen, kart. ●●

Falken-Heimwerker-Praxis
Anstreichen und Lackieren
(0771) Von P. Müller, 120 S., 186 Farbfotos,
2 s/w-Fotos, 3 Zeichnungen, kart. ●●

Falken-Heimwerker-Praxis
Fahrrad-Reparaturen
(0796) Von R. van der Plas, 112 S., 140 Farbfotos, 113 farbige Zeichnungen, kart. ●●

Falken-Heimwerker-Praxis
Kleinmöbel aus Holz
(0905) Von O. Maier, 128 S., 210 Farbfotos,
80 Zeichnungen, kart. ●●

Restaurieren von Möbeln
Stilkunde, Materialien, Techniken, Arbeitsanleitungen in Bildfolgen. (4120) Von
E. Schnaus-Lorey, 152 S., 37 Farbfotos,
75 s/w Fotos, 352 Zeichnungen, Pappband.
●●●●

**Möbel aufarbeiten, reparieren und
pflegen**
(0386) Von E. Schnaus-Lorey, 96 S.,
28 Fotos, 101 Zeichnungen, kart. ●

Feuerzeichen behaglicher Wohnkultur
Kachelöfen, Kamine und Warmöfen
(4288) Hrsg. von C. Berninghaus. Von
R. Heinen, G. Kosicek, H. P. Sabborrosch,
168 S., 291 Farbfotos, 2 s/w-Fotos, 8 Zeichnungen, Pappband. ●●●●●

Moderne Fotopraxis
(4401) Von G. Koshofer, Prof. H. Wedewardt,
224 S., 363 Farbfotos, 106 s/w-Fotos, 5 Farb-
und 24 s/w-Zeichnungen, Pappband. ●●●

Aktfotografie
Interpretationen zu einem unerschöpflichen
Thema. Gestaltung · Technik · Spezialeffekte.
(0737) Von H. Wedewardt, 88 S., 144 Farb-
und 6 s/w-Fotos, 6 Zeichnungen, kart. ●●

Videokassette
Aktfotografie
(6001) VHS, Laufzeit ca. 60 Min. in Farbe.
●●●●●*

So macht man bessere Fotos
Das meistverkaufte Fotobuch der Welt.
(0614) Von M. L. Taylor, 192 S., 457 Farbfotos, 15 Abb., kart. ●●

Schmalfilmen
Ausrüstung · Aufnahmepraxis · Schnitt · Ton.
(0342) Von U. Ney, 108 S., 4 Farbtafeln,
25 s/w-Fotos, kart. ●

Schmalfilme selbst vertonen
(0593) Von U. Ney, 96 S., 57 s/w-Fotos,
14 Zeichnungen, kart. ●

Videokassette
Videografieren
Filmen mit Video 8. Technik – Bildgestaltung
– Schnitt – Vertonung. (0843) Von M. Wild,
K. Möller, 120 S., 101 Farbfotos,
22 s/w-Fotos, 52 Zeichnungen, kart. ●●

Videokassette
Videografieren
Filmen mit Video 8. Technik – Bildgestaltung
– Schnitt – Vertonung. (6031) VHS, (6033)
Beta, (6034) Sony 8 mm, von M. Wild,
60 Min., in Farbe. ●●●●●*

**Mit vollem Genuß
Pfeife rauchen**
Alles über Tabaksorten, Pfeifen und Zubehör.
(4227) Von H. Behrens, H. Frickert, 168 S.,
127 Farbfotos, 18 Zeichnungen, Pappband.
●●●●

Die Fazination der Philatelie
Briefmarken sammeln
(4273) Von D. Stein, 212 S., 124 s/w-Fotos,
24 Farbtafeln, Pappband. ●●●

Briefmarken
sammeln für Anfänger. (0481) Von D. Stein.
120 S., 4 Farbtafeln, 98 s/w-Abb., kart. ●

Münzen
Ein Brevier für Sammler. (0353) Von
E. Dehnke, 128 S., 4 Farbtafeln, 17 s/w-Abb.,
kart. ●●

Astronomie als Hobby
Sternbilder und Planeten erkennen und
benennen. (0572) Von D. Block, 176 S.,
16 Farbtafeln, 49 s/w-Fotos, 93 Zeichnungen, kart. ●●

Astronomie im Bild
Unser Sternenhimmel rund ums Jahr
(0849) Von Dr. E. Übelacker, 88 S., 48 Farbfotos, 1 s/w-Foto, 68 Farbzeichnungen, kart.
●●

Freizeit mit dem Mikroskop
(0291) Von M. Deckart, 132 S., 8 Farbtafeln,
64 s/w-Abb., 2 Zeichnungen, kart. ●

Gitarre spielen
Ein Grundkurs für den Selbstunterricht.
(0534) Von A. Roßmann, 96 S., 1 Schallfolie,
150 Zeichnungen, kart. ●●●

Komm mit ins Land der Lieder
Das große Buch der Kinder-, Volks- und
Chorlieder. (4261) Hrsg. von H. Rauhe,
176 S., 146 Farbzeichnungen, Pappband.
●●●

Die schönsten Wander- und Fahrtenlieder
(0462) Hrsg. von F. R. Miller, empfohlen vom
Deutschen Sängerbund, 80 S., mit Noten
und Zeichnungen, kart. ●

Die schönsten Volkslieder
(0432) Hrsg. von D. Walther, 128 S., mit
Noten und Zeichnungen, kart. ●

Technik

Dampflokomotiven
(4204) Von W. Jopp, 96 S., 134 Farbfotos,
Pappband. ●●●

Die Super-Eisenbahnen der Welt
(4287) Von W. Kosak, 224 S.,
269 Farbfotos, 79 s/w-Fotos, 8 Vignetten,
5 farb. Ausklapptafeln, Pappband. ●●●●

Zivilflugzeuge
Vom Kleinflugzeug zum Überschall-Jet
(4218) Von R. J. Höhn, H. G. Isenberg, 96 S.,
115 Farbfotos, Pappband. ●●●

Trucks
Giganten der Landstraßen in aller Welt.
(4222) Von H. G. Isenberg, 96 S., 131 Farbfotos, Pappband. ●●●

Die Super-Trucks der Welt
(4257) Von H. G. Isenberg, 194 S., 205 Farbfotos, 87 s/w-Fotos, 7 Farbzeichnungen,
4 Ausklapptafeln, Pappband. ●●●●

Die hier vorgestellten Bücher, Videokassetten und Software sind in folgende Preisgruppen unterteilt:

● Preisgruppe bis DM 10,–/S 79,–
●● Preisgruppe über DM 10,– bis DM 20,– S 80,– bis S 160,–
●●● Preisgruppe über DM 20,– bis DM 30,– S 161,– bis S 240,–
●●●● Preisgruppe über DM 30,– bis DM 50,– S 241,– bis S 400,–
●●●●● Preisgruppe über DM 50,–/S 401,–
*(unverbindliche Preisempfehlung)

Die Preise entsprechen dem Status beim Druck dieses Verzeichnisses (s. Seite 1) – Änderungen, im besonderen der Preise, vorbehalten –

Die Super-Motorräder der Welt
(4193) Von H. G. Isenberg, 192 S., 170 Farb-
und 100 s/w-Fotos, 8 Zeichnungen, Pappband. ●●●●

Motorrad-Hits
Chopper, Tribikes, Heiße Öfen. (4221) Von
H. G. Isenberg, 96 S., 119 Farbfotos, Papp-
band. ●●●

Motorrad-Faszination
Heiße Öfen, von denen jeder träumt.
(4223) Von H. G. Isenberg, 96 S., 103 Farb-
und 20 s/w-Fotos, Pappband. ●●●

Sport und Fitneß

ZDF Sportjahr '87
Rekorde, Siege, Schicksale, Ergebnisse,
Termine '88
(4290) Hrsg. von B. Heller, 192 S., 275 Farb-
und 4 s/w-Fotos, kart. ●●

Neue Lehrmethoden der Judo-Praxis
(0424) Von P. Herrmann, 223 S., 475 Abb.,
kart. ●●

Judo
Grundlagen – Methodik. (0305) Von
M. Ohgo, 208 S., 1025 Fotos, kart. ●●

Fußwürfe
für Judo, Karate und Selbstverteidigung.
(0439) Von H. Nishioka, 96 S., 260 Abb.,
kart. ●

Modernes Karate
Das große Standardwerk mit 2229 Abbildungen. (4280) Von T. Okazaki, Dr. med.
M. V. Stricevic, übers. von M. Pabst, 376 S.,
2279 Abbildungen, Pappband. ●●●●●

Karate für alle
Karate-Selbstverteidigung in Bildern. (0314)
Von A. Pflüger, 112 S., 356 s/w-Fotos, kart. ●

Nakayamas Karate perfekt 1
Einführung. (0487) Von M. Nakayama,
136 S., 605 s/w-Fotos, kart. ●●

Nakayamas Karate perfekt 2
Grundtechniken. (0512) Von M. Nakayama,
136 S., 354 s/w-Fotos, 53 Zeichnungen, kart.
●●

Nakayamas Karate perfekt 3
Kumite 1: Kampfübungen. (0538) Von
M. Nakayama, 128 S., 424 s/w-Fotos, kart.
●●

Nakayamas Karate perfekt 4
Kumite 2: Kampfübungen. (0547) Von
M. Nakayama, 128 S., 394 s/w-Fotos, kart.
●●

Nakayamas Karate perfekt 5
Kata 1: Heian, Tekki. (0571) Von M. Nakayama, 144 S., 1229 s/w-Fotos, kart. ●●

Nakayamas Karate perfekt 6
Kata 2: Bassai-Dai, Kanku-Dai, (0600) Von
M. Nakayama, 144 S., 1300 s/w-Fotos,
107 Zeichnungen, kart. ●●

Nakayamas Karate perfekt 7
Kata 3: Jitte, Hangetsu, Empi. (0618) Von
M. Nakayama, 144 S., 1988 s/w-Fotos,
105 Zeichnungen, kart. ●●

Nakayamas Karate perfekt 8
Gankaku, Jion. (0650) Von M. Nakayama,
144 S., 1174 s/w-Fotos, 99 Zeichnungen, kart.
●●

Kontakt-Karate
Ausrüstung · Technik · Training. (0396) Von
A. Pflüger, 112 S., 238 Fotos, kart. ●●

Karate-Do
Das Handbuch des modernen Karate. (4028)
Von A. Pflüger, 360 S., 1159 Abb., Pappband.
●●●●

Bo-Karate
Kukishin-Ryu – die Techniken des Stock-
kampfes. (0447) Von B. Lee, J. Uyehara,
424 S., 38 Zeichnungen, kart. ●●

Karate 1
Einführung · Grundtechniken. (0227) Von
A. Pflüger, 148 S., 195 s/w-Fotos, 120 Zeich-
nungen, kart. ●

Karate 2
Kombinationstechniken · Katas. (0239) Von
A. Pflüger, 176 S., 452 s/w-Fotos und Zeich-
nungen, kart. ●

Karate Kata 1
Heian 1-5, Tekki 1, Bassai Dai. (0683) Von
W.-D. Wichmann, 164 S., 703 s/w-Fotos,
kart. ●●

Karate Kata 2
Jion, Empi, Kanku-Dai, Hangetsu. (0723) Von
W.-D. Wichmann, 140 S., 661 s/ w-Fotos,
4 Zeichnungen, kart. ●●

25 Shotokan-Katas
Auf einen Blick: Karate-Katas für Prüfungen
und Wettkämpfe. (0859) Von A. Pflüger,
88 S., 185 s/w-Abbildungen, 26 ganzseitige
Tafeln mit über 1.600 Einzelschritten, kart.
●●

Videokassette
Karate
Einführung und Grundtechniken.
(6037) VHS, Von A. Pflüger, ca. 45 Min.,
in Farbe. ●●●●●*

Ninja 1
Die Lehre der Schattenkämpfer. (0758) Von
S. K. Hayes, 144 S., 137 s/w-Fotos, kart. ●●

Ninja 2
Die Wege zum Shoshin (0763) Von
S. K. Hayes, 160 S., 309 s/w-Fotos, kart. ●●

Ninja 3
Der Pfad des Togakure-Kämpfers.
(0764) Von S. K. Hayes, 144 S.,
197 s/w-Fotos, 2 Zeichnungen, kart. ●●

Ninja 4
Das Vermächtnis der Schattenkämpfer.
(0807) Von S. K. Hayes, 196 S., 466 s/w-
Fotos, kart. ●●

Der König des Kung-Fu
Bruce Lee
Sein Leben und Kampf. (0392) Von L. Lee,
136 S., 104 s/w-Fotos, kart. ●●

Bruce Lees Kampfstil 1
Grundtechniken. (0473) Von B. Lee,
M. Uyehara, 109 S., 220 Abb., kart. ●

Bruce Lees Kampfstil 2
Selbstverteidigungs-Techniken. (0486) Von
B. Lee, M. Uyehara, 128 S., 310 Abb., kart. ●

Bruce Lees Kampfstil 3
Trainingslehre. (0503) Von B. Lee,
M. Uyehara, 112 S., 246 Abb., kart. ●

Bruce Lees Kampfstil 4
Kampftechniken. (0523) Von B. Lee,
M. Uyehara, 104 S., 211 Abb., kart. ●

Bruce Lees Jeet Kune Do
(0440) Von B. Lee, 192 S., mit 105 eigenhän-
digen Zeichnungen von B. Lee, kart. ●●

Ju-Jutsu 1
Grundtechniken – Moderne Selbstverteidigung. (0276) Von W. Heim, F. J. Gresch,
164 S., 450 s/w-Fotos, 8 Zeichnungen, kart.
●

Ju-Jutsu 2
für Fortgeschrittene und Meister. (0378) Von
W. Heim, F. J. Gresch, 160 S., 798 s/w- Fotos,
kart. ●●

Ju-Jutsu 3
Spezial-, Gegen- und Weiterführungs-Techni-
ken. (0397) Von W. Heim, F. J. Gresch,
200 S., über 600 s/w-Fotos, kart. ●●

Ju-Jutsu als Wettkampf
(0826) Von G. Kulot, 168 S., 418 s/w-Fotos,
2 Zeichnungen, kart. ●●

Nunchaku
Waffe · Sport · Selbstverteidigung. (0373)
Von A. Pflüger, 144 S., 247 Abb., kart. ●●

Shuriken · Tonfa · Sai
Stockfechten und andere bewaffnete Kampf-
sportarten aus Fernost. (0397) Von A. Schulz,
96 S., 253 s/w-Fotos, kart. ●●

**Illustriertes Handbuch des
Taekwondo**
Koreanische Kampfkunst und Selbstverteidi-
gung. (4053) Von K. Gil, 248 S., 1026 Abb.,
Pappband. ●●●

Taekwon-Do
Koreanischer Kampfsport. (0347) Von K. Gil,
152 S., 408 Abb., kart. ●●

Taekwondo perfekt 1
Die Formenschule bis zum Blaugurt.
(0890) Von K. Gil, Kim Chul-Hwan, 176 S.,
439 s/w-Fotos, 107 Zeichnungen, kart. ●●

Aikido
Lehren und Techniken des harmonischen
Weges. (0537) Von R. Brand, 280 S.,
697 Abb., kart. ●●

Kung-Fu und Tai-Chi
Grundlagen und Bewegungsabläufe. (0367)
Von B. Tegner, 182 S., 370 s/w-Fotos, kart. ●

Kung-Fu
Theorie und Praxis klassischer und moderner Stile. (0376) Von M. Pabst, 160 S.,
330 Abb., kart. ●

Shaolin-Kempo – Kung-Fu
Chinesisches Karate im Drachenstil. (0395)
Von R. Czerni, K. Konrad. 246 S., 723 Abb.,
kart. ●●

Hap Ki Do
Grundlagen und Techniken koreanischer
Selbstverteidigung. (0379) Von Kim Sou
Bong, 112 S., 153 Abb., kart. ●

Dynamische Tritte
Grundlagen für den Zweikampf. (0438) Von
C. Lee, 96 S., 398 s/w-Fotos, 10 Zeichnun-
gen, kart. ●

Kickboxen
Fitneßtraining und Wettkampfsport.
(0795) Von G. Lemmens, 96 S., 208 s/w-
Fotos, 23 Zeichnungen, kart. ●

Selbstverteidigung
Abwehrtechniken für Sie und Ihn
(0853) Von E. Deser, 96 S., 259 s/w-Fotos,
kart. ●

Muskeltraining mit Hanteln
Leistungssteigerung für Sport und Fitness.
(0676) Von H. Schulz, 108 S., 92 s/w-Fotos,
2 Zeichnungen, kart. ●

Leistungsfähiger durch Krafttraining
Eine Anleitung für Fitness-Sportler, Trainer
und Athleten (0377) Von W. Kieser, 100 S.,
20 s/w-Fotos, 62 Zeichnungen, kart. ●

Die Faszination athletischer Körper
Bodybuilding
mit Weltmeister Ralf Möller. (4281) Von
R. Möller, 125 S., 169 Farbfotos, 14 s/w-
Fotos, 1 Farbzeichnung, Pappband. ●●●●

Bodybuilding
Anleitung zum Muskel- und Konditionstraining für sie und ihn. (0604) Von R. Smolana. 160 S., 171 s/w-Fotos, kart. ●

Hanteltraining zu Hause
(0800) Von W. Kieser, 80 S., 71 s/w-Fotos, 4 Zeichnungen, kart. ●

Fit und gesund
Körpertraining und Bodybuilding zu Hause. (0782) Von H. Schulz, 80 S., 100 Farbfotos, 3 Zeichnungen, kart. ●●

Videokassette
Fit und gesund
(6013) VHS, Laufzeit 30 Minuten, in Farbe. ●●●●*

Bodybuilding für Frauen
Wege zu Ihrer Idealfigur. (0661) Von H. Schulz, 108 S., 84 s/w-Fotos, 4 Zeichnungen, kart. ●●

Bodyshaping · Bodybuilding
Mit Anja Albrecht zur Idealfigur. (4405) Von A. Albrecht, 128 S., 164 Farbfotos, 4 s/w-Fotos, 1 Farb- und 1 s/w-Zeichnung, Pappband. ●●●●

Optimale Ernährung
für Krafttraining und Budybuilding. (0912) Von B. Dahmen, 88 S., 8 Farbtafeln, 8 Zeichnungen, kart. ●●

Top-Form im Sport
Ernährungs-Training
Das Erfolgsprogramm für den Ausdauersportler. (0945) Von M. Inzinger, Dipl.-Oec. troph. G. Wagner, 160 S., 31 Farbzeichnungen, 16 Grafiken, kart. ●●

Gesund und leistungsfähig durch
Konditionsübungen, Fitneßtraining, Wirbelsäulengymnastik
(0844) Von R. Milser, K. Grafe, 104 S., 99 Farbfotos, 12 Farbzeichnungen, 5 s/w-Zeichnungen, kart. ●●

Stretching
Mit Dehnungsgymnastik zu Entspannung. Geschmeidigkeit und Wohlbefinden. (0717) Von H. Schulz, 80 S. 90 s/w-Fotos, kart. ●

Isometrisches Training
Übungen für Muskelkraft und Entspannung. (0529) Von L. M. Kirsch, 140 S., 162 s/w-Fotos, kart. ●

Gesund und fit durch Gymnastik
(0366) Von H. Pilss-Samek, 132 S., 150 Abb., kart. ●

Spaß am Laufen
Jogging für die Gesundheit. (0470) Von W. Sonntag, 140 S., 41 s/w-Fotos, 1 Zeichnung, kart. ●

Mein bester Freund, der Fußball
(5107) Von D. Brüggemann, D. Albrecht, 144 S., 171 Abb., kart. ●●

Fußball
Training und Wettkampf. (0448) Von H. Obermann, P. Walz, 166 S., 92 s/w-Fotos, 15 Zeichnungen, 29 Diagramme, kart. ●●

Handball
Technik · Taktik · Regeln. (0426) Von F. und P. Hattig, 128 S., 91 s/w-Fotos, 121 Zeichnungen, kart. ●●

Volleyball
Technik · Taktik · Regeln. (0351) Von H. Huhle, 104 S., 330 Abb., kart. ●

Badminton
Technik · Taktik · Training. (0699) Von K. Fuchs, L. Sologub, 168 S., 51 Abb., kart., ●●

Die neue Tennis-Praxis
Der individuelle Weg zu erfolgreichem Spiel. (4097) Von R. Schönborn, 240 S., 202 Farbzeichnungen, 31 s/w-Abb., Pappband. ●●●●

Erfolgreiche Tennis-Taktik
(4086) Von R. Ford Greene, übersetzt von M. R. Fischer, 182 S., 87 Abb., kart. ●●

Moderne Tennistechnik
(4187) Von G. Lam, 192 S., 339 s/w-Fotos, 91 Zeichnungen, kart. ●●●

Tennis
Technik · Taktik · Regeln. (0375) Von H. Elschenbroich, 112 S., 81 Abb., kart. ●

Tischtennis-Technik
Der individuelle Weg zu erfolgreichem Spiel. (0775) Von M. Perger, 144 S., 296 Abb. kart. ●●

Squash
Ausrüstung · Technik · Regeln. (0539) Von D. von Horn, H.-D. Stünitz, 96 S., 55 s/w-Fotos, 25 Zeichnungen, kart. ●

Golf
Ausrüstung · Technik · Regeln. (0343) Von J. C. Jessop, übersetzt von H. Biemer, mit einem Vorwort von H. Krings, Präsident des Deutschen Golf-Verbandes, 160 S., 65 Abb., Anhang Golfregeln des DGV, kart. ●●

Pool-Billard
(0484) Herausgegeben vom Deutschen Pool- Billard-Bund, von M. Bach, K.-W. Kühn, 104 S., mit über 64 Abb., kart. ●

Sportschießen
für jedermann. (0502) Von A. Kovacic, 124 S., 116 s/w-Fotos, kart. ●●

Fechten
Florett · Degen · Säbel. (0449) Von E. Beck, 88 S., 185 Fotos, 10 Zeichnungen, kart. ●●

Wir lernen tanzen
Standard- und lateinamerikanische Tänze. (0200) Von E. Fern, 168 S., 118 s/w-Fotos, 47 Zeichnungen, kart. ●●

So tanzt man Rock'n'Roll
Grundschritte · Figuren · Akrobatik. (0573) Von W. Steuer und G. Marz, 224 S., 303 Abb., kart. ●●

Tanzen überall
Discofox, Rock'n'Roll, Blues, Langsamer Walzer, Cha-Cha-Cha zum Selberlernen. (0760) Von H. M. Pritzer, 112 S., 128 Farbfotos, kart. ●●

Anmutig und fit durch
Bauchtanz
(0911) Von Marta, 120 S., 229 Farbfotos, 6 s/w-Zeichnungen, kart. ●●

Fit mit Stretching
(2304) Von B. Kurz, 96 S., 255 Farbfotos, kart. ●●

Fit mit Tai Chi
als sanfte Körpererfahrung
(2305) Von B. u. K. Moegling, 112 S., 121 Farbfotos, 6 Farb- u. 4 s/w-Zeichnungen, kart. ●●

Fit mit Volleyball
(2302) Von Dr. A. Scherer, 104 S., 27 Farb- und 1 s/w-Foto, 12 Farb- und 29 s/w-Zeichnungen, kart. ●●

Fit mit Tanzen
(2303) Von K. Richter, H. Kleinow, 88 S., 94 Farbfotos, kart. ●●

Fit mit Karate
(2308) Von A. Pflüger, 96 S., 134 Farbfotos, 4 s/w-Zeichnungen, kart. ●●

Funboard-Surfen
Material · Technik · Regatten · Internationale Reviere. (4297) Von J. Evans, 144 S., 106 Farbfotos, 9 Farbzeichnungen, 68 zweifarbige und 5 s/w-Zeichnungen, kart. ●●●

Segeln
Der neue Grundschein – Vorstufe zum A-Schein – Mit Prüfungsfragen. (5147) Von C. Schmidt, 80 S., 8 Farbtafeln, 18 Farbfotos, 82 Zeichnungen, kart., ●●

Falken-Handbuch
Angeln
in Binnengewässern und im Meer. (4090) Von H. Oppel, 344 S., 24 Farbtafeln, 66 s/w-Fotos, 151 Zeichnungen, gebunden. ●●●●

Angeln
Kleine Fibel für den Sportfischer. (0198) Von E. Bondick, 96 S., 116 Abb., kart. ●

Sportfischen
Fische – Geräte – Techniken. (0324) Von H. Oppel, 144 S., 49 s/w-Fotos, 8 Farbtafeln, kart. ●

Sporttauchen
Theorie und Praxis des Gerätetauchens. (0647) Von S. Müßig, 144 S., 8 Farbtafeln, 35 s/w-Fotos, 89 Zeichnungen, kart. ●●

Ski-Gymnastik
Fit für Piste und Loipe. (0450) Von H. Pilss-Samek, 104 S., 67 s/w-Fotos, 20 Zeichnungen, kart. ●

Alpiner Skisport
Ausrüstung · Techniken · Skigymnastik. (5130) Von K. Meßmann, 128 S., 8 Farbtafeln, 93 s/ w-Fotos, 45 Zeichnungen, kart. ●●

Skilanglauf, Skiwandern
Ausrüstung · Techniken · Skigymnastik. (5129) Von T. Reiter und R. Kerler, 80 S., 8 Farbtafeln, 85 s/w-Fotos und s/w-Fotos, kart. ●●

Eishockey
Lauf- und Stocktechnik, Körperspiel, Taktik, Ausrüstung und Regeln. (0414) Von J. Čapla, 264 S., 548 s/w-Fotos, 163 Zeichnungen, kart. ●●

Fibel für Kegelfreunde
Sport- und Freizeitkegeln · Bowling. (0191) Von G. Bocsai, 72 S., 62 Abb., kart. ●

Beliebte und neue Kegelspiele
(0271) Von G. Bocsai, 92 S., 62 Abb., kart. ●

111 spannende Kegelspiele
(2031) Von H. Regulski, 88 S., 53 Zeichnungen, kart., ●

Schach

Einführung in das Schachspiel
(0104) Von W. Wollenschläger und K. Colditz, 92 S., 116 Diagramme, kart. ●

Falken-Handbuch **Schach**
(4051) Von T. Schuster, 360 S., über 340 Diagramme, gebunden. ●●●●

Spielend Schach lernen
(2002) Von T. Schuster, 128 S., kart. ●

Kinder- und Jugendschach
Offizielles Lehrbuch des Deutschen Schachbundes zur Erringung der Bauern-, Turm- und Königsdiplome. (0561) Von B. J. Withuis, H. Pfleger, 144 S., 220 Zeichnungen und Diagramme, kart. ●●

Neue Schacheröffnungen
(0478) Von T. Schuster, 108 S., 100 Diagramme, kart. ●

FALKEN

Schach für Fortgeschrittene
Taktik und Probleme des Schachspiels.
(0219) Von R. Teschner, 96 S., 85 Diagramme, kart. ●

Taktische Schachendspiele
(0752) Von J. Nunn, 200 S., 151 Diagramme, kart. ●●

Die Schach-Revanche
Kasparow/Karpow 1986. (0831) Von O. Borik, H. Pfleger, M. Kipp-Thomas, 144 S., 19 s/w-Fotos, 72 Diagramme, kart. ●●

Schachstrategie
Ein Intensivkurs mit Übungen und ausführlichen Lösungen. (0584) Von A. Koblenz, dt. Bearb. von K. Colditz, 212 S., 240 Diagramme, kart. ●●

Schachtraining mit den Großmeistern
(0670) Von H. Bouwmeester, 128 S., 90 Diagramme, kart. ●●

Schach als Kampf
Meine Spiele und mein Weg. (0729) Von G. Kasparow, 144 S., 95 Diagramme, 9 s/w-Fotos, kart. ●●

Helmut Pflegers
Schachkabinett
Amüsante Aufgaben – überraschende Lösungen. (0877) Von H. Pfleger, 160 S., 118 Diagramme, kart. ●●

Die besten Partien deutscher Schachgroßmeister
(4121) Von H. Pfleger, 192 S., 29 s/w-Fotos, 89 Diagramme, Pappband. ●●●

Lehr-, Übungs- und Testbuch der Schachkombinationen
(0649) Von K. Colditz, 184 S., 227 Diagramme, kart. ●●

Die hohe Schule der Schachkombination
(0920) Von W. Golz, P. Keres, 272 S., 322 Diagramme, Pappband. ●●

Offizielles Lehrbuch des Deutschen Schachbundes
Das systematische Schachtraining
Trainingsmethoden, Strategien und Kombinationen. (0857) Von Sergiu Samarian, 152 S., 159 Diagramme, 1 Zeichnung, kart. ●●

So denkt ein Schachmeister
Strategische und taktische Analysen. (0915) Von H. Pfleger, G. Treppner, 120 S., 75 Diagramme, kart. ●●

FALKEN-SOFTWARE
Das komplette Schachprogramm
Spielen, Trainieren, Problemlösen mit dem Computer. (7006) Von J. Egger, Diskette für C 64, C 128 PC, mit Begleitheft. ●●●●●*

Zug um Zug
Schach für Jedermann 1
Offizielles Lehrbuch des Deutschen Schachbundes zur Erringung des Bauerndiploms. (0648) Von H. Pfleger, E. Kurz, 80 S., 24 s/w-Fotos, 8 Zeichnungen, 60 Diagramme, kart. ●

Zug um Zug
Schach für Jedermann 2
Offizielles Lehrbuch des Deutschen Schachbundes zur Erringung des Turmdiploms. (0659) Von H. Pfleger, E. Kurz, 132 S., 8 s/w-Fotos, 14 Zeichnungen, 78 Diagramme, kart. ●

Zug um Zug
Schach für Jedermann 3
Offizielles Lehrbuch des Deutschen Schachbundes zur Erringung des Königsdiploms. (0728) Von H. Pfleger, G. Treppner, 128 S., 4 s/w-Fotos, 84 Diagramme, 10 Zeichnungen, kart. ●

Zug um Zug
Schach für Jedermann 1
(7015) Wendediskette für C 64/C 128 PC, mit Begleitheft. ●●●●*
(7005) Wendediskette für Atari ST 520/1040, mit Begleitheft. ●●●●●*

Schach mit dem Computer
(0747) Von D. Frickenschmidt, 140 S., 112 Diagramme, 29 s/w-Fotos, 5 Zeichnungen, kart. ●●

Spiele und Denksport

Kartenspiele
(2001) Von C. D. Grupp, 144 S., kart. ●

Neues Buch der siebzehn und vier Kartenspiele
(0095) Von K. Lichtwitz, 96 S., kart. ●

Alles über Pokern
Regeln und Tricks. (2024) Von C. D. Grupp, 112 S., 29 Kartenbilder, kart. ●

Rommé und Canasta
in allen Variationen. (2025) Von C. D. Grupp, 124 S., 24 Zeichnungen, kart. ●

Schafkopf, Doppelkopf, Binokel, Cego, Gaigel, Jaß, Tarock und andere „Lokalspiele".
(2015) Von C. D. Grupp, 152 S., kart. ●●

Spielend Skat lernen
unter freundlicher Mitarbeit des Deutschen Skatverbandes. (2005) Von Th. Krüger, 156 S., 181 s/w-Fotos, 22 Zeichnungen, kart. ●

Das Skatspiel
Eine Fibel für Anfänger. (0206) Von K. Lehnhoff, überarb. von P. A. Höfges, 96 S., kart. ●

Black Jack
Regeln und Strategien des Kasinospiels. (2032) Von K. Kelbratowski, 88 S., kart. ●

Falken-Handbuch Patiencen
Die 111 interessantesten Auslagen. (4151) Von U. v. Lyncker, 216 S., 108 Abbildungen, Pappband. ●●●

Patiencen
in Wort und Bild. (2003) Von I. Wolter, 136 S., kart. ●

Neue Patiencen
(2036) Von H. Sosna, 160 S., 43 Farbtafeln, kart. ●●

Falken-Handbuch Bridge
Von den Grundregeln zum Turnierspiel. (4092) Von W. Voigt und K. Ritz, 280 S., 792 Zeichnungen, gebunden. ●●●●

Spielend Bridge lernen
(2012) Von J. Weiss, 108 S., 58 Zeichnungen, kart. ●

Spieltechnik im Bridge
(2004) Von V. Mollo und N. Gardener, deutsche Adaption von D. Schröder, 216 S., kart. ●●

Besser Bridge spielen
Reiztechnik, Spielverlauf und Gegenspiel. (2026) Von J. Weiss, 144 S., 60 Diagramme, kart. ●●

Herausforderung im Bridge
200 Aufgaben mit Lösungen. (2033) Von V. Mollo, 152 S., kart. ●●

Präzisions-Treff im Bridge
(2037) Von E. Jannersten, 152 S., kart. ●●

Kartentricks
(2010) Von T. A. Rosee, 80 S., 13 Zeichnungen, kart. ●

Mah-Jongg
Das chinesische Glücks-, Kombinations- und Gesellschaftsspiel. (2030) Von U. Eschenbach, 80 S., 30 s/w-Fotos, 5 Zeichnungen, kart. ●

Neue Kartentricks
(2027) Von K. Pankow, 104 S., 20 Abb., kart. ●

Backgammon
für Anfänger und Könner. (2008) Von G. W. Fink und G. Fuchs, 116 S., 41 Abb., kart. ●

Würfelspiele
für jung und alt. (2007) Von F. Pruss, 112 S., 21 s/w-Zeichnungen, kart. ●

Gesellschaftsspiele
für drinnen und draußen. (2006) Von H. Görz, 128 S., kart. ●

Spiele für Party und Familie
(2014) Von Rudi Carrell, 160 S., 50 Abb., kart. ●

Das japanische Brettspiel Go
(2020) Von W. Dörholt, 104 S., 182 Diagramme, kart. ●

Roulette richtig gespielt
Systemspiele, die Vermögen brachten. (0121) Von M. Jung, 96 S., zahlreiche Tabellen, kart. ●

Spielend Roulette lernen
(2034) Von E. P. Caspar, 152 S., 1 s/w-Foto, 45 Zeichnungen, kart. ●●

Gesellschaftsspiele
für drinnen und draußen. (2006) Von H. Görz, 128 S., kart. ●

Spiele für Party und Familie
(2014) Von Rudi Carrel, 160 S., 50 Abb. kart. ●

Neue Spiele für Ihre Party
(2022) Von G. Blechner, 120 S., 54 Zeichnungen, kart. ●

Lustige Tanzspiele und Scherztänze
für Partys und Feste. (0165) Von E. Bäulke, 80 S., 53 Abb., kart. ●

Straßenfeste, Flohmärkte und Basare
Praktische Tips für Organisation und Durchführung. (0592) Von H. Schuster, 96 S., 52 Fotos, 17 Zeichnungen, kart. ●●

Zaubertricks für jedermann
(0282) Von J. Merlin, 176 S., 113 Abb., kart. ●

Zaubern
einfach - aber verblüffend. (2018) Von D. Bouch, 84 S., 41 Zeichnungen, kart. ●

Magische Zaubereien
(0672) Von Widenmann, 64 S., 31 Zeichnungen, kart. ●

Kinderspiele
die Spaß machen. (2009) Von H. Müller-Stein, 112 S., 28 Abb., kart. ●

Spiele für Kleinkinder
(2011) Von D. Kellermann, 80 S., 23 Abb., kart. ●

Spiel und Spaß am Krankenbett
für Kinder und die ganze Familie. (2035) Von H. Bücken, 104 S., 97 Zeichnungen, kart. ●●

Die hier vorgestellten Bücher, Videokassetten und Software sind in folgende Preisgruppen unterteilt:

● Preisgruppe bis DM 10,–/S 79,–
●● Preisgruppe über DM 10,– bis DM 20,– S 80,– bis S 160,–

●●● Preisgruppe über DM 20,– bis DM 30,– S 161,– bis S 240,–

●●●● Preisgruppe über DM 30,– bis DM 50,– S 241,– bis S 400,–
●●●●● Preisgruppe über DM 50,–/S 401,–
*(unverbindliche Preisempfehlung)

Die Preise entsprechen dem Status beim Druck dieses Verzeichnisses (s. Seite 1) – Änderungen, im besonderen der Preise, vorbehalten –

Kasperletheater
Spieltexte und Spielanleitungen · Basteltips
für Theater und Puppen. (0641) Von U. Lietz,
136 S., 4 Farbtafeln, 12 s/w-Fotos, 39 Zeichnungen, kart. ●

Knobeleien und Denksport
(2019) Von K. Rechberger, 142 S., 105 Zeichnungen, kart. ●

Das Geheimnis der magischen Ringe
Alles über das Puzzle von Würfel-Erfinder.
Die schönsten Figuren.
(0878) Von Dr. Ch. Bandelow, 96 S.,
198 Zeichnungen, 8 Cartoons, kart. ●

Quiz
Mehr als 1500 ernste und heitere Fragen aus
allen Gebieten. (0129) Von R. Sautter und
W. Pröve, 92 S., 9 Zeichnungen, kart. ●

500 Rätsel selberraten
(0681) Von E. Krüger, 272 S., kart. ●

501 Rätsel selberraten
(0711) Von E. Krüger, 272 S., kart. ●

Riesen-Kreuzwort-Rätsel-Lexikon
über 250.000 Begriffe. (4197) Von H. Schie-
felbein, 1024 S., Pappband. ●●●

Das Super-Kreuzwort-Rätsel-Lexikon
Über 150.000 Begriffe. (4279) Von H. Schie-
felbein, 688 S., Pappband. ●●

Guten Tag, Kinder!
Neue Texte mit Spielanleitungen fürs
Kasperletheater. (0861) Von U. Lietz, 96 S.,
18 s/w-Zeichnungen, kart. ●

Kindergeburtstag
Vorbereitung, Spiel und Spaß. (0287) Von Dr.
I. Obrig, 136 S., 40 Abb., 11 Zeichnungen,
9 Lieder mit Noten, kart. ●

Kindergeburtstage die keiner vergißt
Planung, Gestaltung, Spielvorschläge.
(0698) Von G. und G. Zimmermann, 102 S.,
80 Vignetten, kart. ●

Kinderfeste
daheim und in Gruppen. (4033) Von
G. Blechner, 240 S., 320 Abb., kart. ●

Scherzfragen, Drudel und Blödeleien
gesammelt von Kindern. (0506) Hrsg. von W.
Pröve, 112 S., 57 Zeichnungen, kart. ●

Humor und Unterhaltung

Heitere Vorträge und witzige Reden
Lachen, Witz und gute Laune. (0149) Von
E. Müller, 104 S., 44 Abb., kart. ●

Heitere Vorträge
(0528) Von E. Müller, 128 S., 14 Zeichnungen, kart. ●

Die große Lachparade
Neue Texte für heitere Vorträge und Ansa-
gen. (0188) Von E. Müller, 80 S., kart. ●

So feiert man Feste fröhlicher
Heitere Vorträge und Gedichte.
(0098) Von Dr. Allos, 96 S., 15 Abb., kart. ●

Lustige Vorträge für fröhliche Feiern
(0284) Von K. Lehnhoff, 96 S., kart. ●

Vergnügliches Vortragsbuch
(0091) Von J. Plaut, 192 S., kart. ●

Humor und Stimmung
Ein heiteres Vortragsbuch. (0460) Von
G. Wagner, 112 S., kart. ●

Humor und gute Laune
Ein heiteres Vortragsbuch. (0635) Von
G. Wagner, 112 S., 5 Zeichnungen, kart. ●

Gereimte Vorträge
für Bühne und Bütt. (0567) Von G. Wagner,
96 S., kart. ●

Damen in der Bütt
Scherze, Büttenreden, Sketche.
(0354) Von T. Müller, 136 S., kart. ●

Narren in der Bütt
Leckerbissen aus dem rheinischen Karneval.
(0216) Zusammengestellt von T. Lücker,
112 S., kart. ●

Rings um den Karneval
Karnevalsscherze und Büttenreden. (0130)
Von Dr. Allos, 144 S., 2 Zeichnungen, kart.
●●

Helau und Alaaf 1
Närrisches aus der Bütt.
(0304) Von E. Müller, 112 S., 4 Zeichnungen,
kart. ●

Helau und Alaaf 2
Neue Büttenreden.
(0477) Von E. Luft, 104 S., kart. ●

Helau und Alaaf 3
Neue Reden für die Bütt. (0832) Von
H. Fauser, 144 S., 13 Zeichnungen, kart. ●

Wir feiern Karneval
Festgestaltung und Reden für die närrische
Zeit. (0904) Von M. Zweigler, 120 S., 4 Zeich-
nungen, kart. ●

Tolle Sketche
mit zündenden Pointen – zum Nachspielen.
(0656) Von E. Cohrs, 112 S., kart. ●

Vergnügliche Sketche
(0476) Von H. Pillau, 96 S., 7 Zeichnungen,
kart. ●

Fidele Sketche und heitere Vorträge
Humor zum Nachspielen. (0157) Von
H. Ehnle. 96 S., kart. ●

Vorhang auf!
Neue Sketche für jung und alt.
(0898) Von H. Pillau, 96 S., 22 Zeichnungen,
kart. ●

Sketche und spielbare Witze
für bunte Abende und andere Feste. (0445)
Von H. Friedrich, 120 S., 7 Zeichnungen, kart.
●

Sketche
Kurzspiele zu amüsanter Unterhaltung.
(0247) Von M. Gering, 132 S., 16 Abb., kart.,
●

Witzige Sketche zum Nachspielen
(0511) Von D. Hallervorden, 160 S., kart. ●●

Sketche und Blackouts zum Nachspielen
(0941) Von E. Cohrs, 112 S., 4 Zeichnungen,
kart. ●

Locker vom Hocker
Witzige Sketche zum Nachspielen.
(4262) Von W. Giller, 144 S., 41 Zeichnungen, Pappband. ●●

Phantasievolles Schminken
Verzauberte Gesichter für Maskeraden,
Laienspiel und Kinderfeste. (0907) Hrsg. von
Y. u. H. Nadolny, 64 S., 227 Farbfotos, kart.
●●

**Die Kleidermotte ernährt sich von nichts,
sie frißt nur Löcher**
Stilblüten, Sprüche und Widersprüche aus
Schule, Zeitung, Rundfunk und Fernsehen.
(0738) Von P. Haas, D. Kroppach, 112 S.,
zahlreiche Abb. kart. ●

Da lacht das Publikum
Neue lustige Vorträge für viele Gelegenheiten. (0716) Von H. Schmalenbach, 104 S.,
kart. ●

Witzig, witzig
(0507) Von E. Müller, 128 S., 16 Zeichnungen, kart. ●

**Die besten Witze und Cartoons des
Jahres 1**
(0454) Hrsg. von K. Hartmann, 288 S.,
125 Zeichnungen, geb. ●

**Die besten Witze und Cartoons des
Jahres 4**
(0579) Hrsg. von K. Hartmann, 288 S.,
140 Zeichnungen, Pappband. ●●

**Die besten Witze und Cartoons des
Jahres 5**
(0642) Hrsg. von K. Hartmann, 288 S.,
88 Zeichnungen, Pappband. ●●

**Die besten Witze und Cartoons des
Jahres 6**
(0916) Hrsg. von D. Kroppach, 288 S.,
84 Zeichnungen, Pappband. ●●

Das Superbuch der Witze
(4146) Von B. Bornheim, 504 S.,
54 Cartoons, Pappband. ●●

Witze
Lachen am laufenden Band (4241) Von
J. Burkert, D. Kroppach, 400 S., 41 Zeich-
nungen, Pappband. ●●

Heller Wahnwitz
(0887) Von D. Kroppach, 220 S., 200 Vignetten, kart. ●

Spaßvögel
Über sexhundert komische Nummern.
(0888) Von E. Zeller, mit Limericks von
W. Müller, 220 S., 200 Vignetten, kart. ●

Total bescheuert
Kinder- und Schülerwitze.
(0889) Von G. Geßner und E. Zeller, 220 S.,
200 Vignetten, kart. ●

Die besten Beamtenwitze
(0574) Hrsg. von W. Pröve, 112 S., 59 Cartoons, kart. ●

Die besten Kalauer
(0705) Von K. Frank, 112 S., 2 Zeichnungen,
kart., ●

Robert Lembkes Witzauslese
(0325) Von Robert Lembke, 160 S., 10 Zeichnungen von E. Köhler, Pappband. ●●

Fred Metzlers Witze mit Pfiff
(0368) Von F. Metzler, 112 S., kart. ●

O frivol ist mir am Abend
Pikante Witze von Fred Metzler. (0388) Von
F. Metzler, 128 S., mit Karikaturen, kart. ●

Herrenwitze
(0589) Von G. Wilhelm, 112 S., 31 Zeichnungen, kart. ●

Witze am laufenden Band
(0461) Von F. Asmussen, 118 S., kart. ●

Horror zum Totlachen
Gruselwitze
(0536) Von F. Lautenschläger, 96 S.,
44 Zeichnungen, kart. ●

Die besten Ostfriesenwitze
(0495) Von O. Freese, 80 S., 15 Zeichnungen, kart. ●

Olympische Witze
Sportlerwitze in Wort und Bild.
(0505) Von W. Willnat, 112 S., 126 Zeichnungen, kart. ●

**Ich lach mich kaputt! Die besten
Kinderwitze**
(0545) Von E. Hannemann, 128 S., 15 Zeichnungen, kart. ●

Die hier vorgestellten Bücher, Videokassetten und Software sind in folgende Preisgruppen unterteilt:

● Preisgruppe bis   DM 10,–/S 79,–
●● Preisgruppe über DM 10,– bis DM 20,–
                              S 80,– bis S 160,–
●●● Preisgruppe über DM 20,– bis DM 30,–
                                S 161,– bis S 240,–
●●●● Preisgruppe über DM 30,– bis DM 50,–
                                    S 241,– bis S 400,–
●●●●● Preisgruppe über DM 50,–/S 401,–
*(unverbindliche Preisempfehlung)

Die Preise entsprechen dem Status beim Druck dieses Verzeichnisses (s. Seite 1) – Änderungen, im besonderen der Preise, vorbehalten –

Lach mit!
Witze für Kinder, gesammelt von Kindern.
(0468) Hrsg. von W. Pröve, 96 S., 17 Zeichnungen, kart. ●

Die besten Kinderwitze
(0757) Von K. Rank, 112 S., 28 Zeichnungen,
kart. ●

Lustige Sketche für Jungen und Mädchen
Kurze Theaterstücke für Jungen und
Mädchen. (0669) Von U. Lietz und U. Lange,
104 S., kart. ●

Spielbare Witze für Kinder
(0824) Von H. Schmalenbach, 128 S.,
30 Zeichnungen, kart. ●

Garten, Tiere, Umwelt

Garten heute
Der moderne Ratgeber · Über 1000 Farb-
bilder. (4283) Von H. Jantra, 384 S., über
1000 Farbabbildungen, Pappband. ●●●●

Das Gartenjahr
Arbeitsplan für den Hobbygärtner.
(4075) Von G. Bambach, 152 S., 16 Farbtafeln, 141 Abb., kart. ●●

Gärtner Gustavs Gartenkalender
Arbeitspläne · Pflanzenporträts · Garten-
lexikon. (4155) Von G. Schoser, 120 S.,
146 Farbfotos, 13 Tabellen, 203 farbige
Zeichnungen, Pappband. ●●●

**Der richtige Schnitt von Obst- und Zier-
gehölzen, Rosen und Hecken**
(0619) Von E. Zettl, 88 S., 8 Farbtafeln,
39 Zeichnungen, 21 s/w-Fotos, kart. ●

Blumenpracht im Garten
(5014) Von I. Manz, 64 S., 93 Farbfotos,
Pappband. ●●

Blütenpracht in Haus und Garten
(4145) Von M. Haberer, u. a., 352 S.,
1012 Farbfotos, Pappband. ●●●●

Sag's mit Blumen
Pflege und Arrangieren von Schnittblumen.
(5103) Von P. Möhring, 64 S., 68 Farbfotos,
2 s/w-Abb., Pappband. ●●

Grabgestaltung
Bepflanzung und Pflege zu jeder Jahreszeit.
(5120) Von N. Uhl, 64 S., 77 Farbfotos,
2 Zeichnungen, Pappband. ●●

Wintergärten
Das Erlebnis, mit der Natur zu wohnen.
Planen, Bauen und Gestalten. (4256) Von
LOG, ID, 136 S., 130 Farbfotos, 107 Zeich-
nungen, Pappband. ●●●●

Häuser in lebendigem Grün
Fassaden und Dächer mit Pflanzen gestalten.
(0846) Von U. Mehl, K. Werk, 88 S., 116 Farbfotos, 4 Farb- und 17 s/w-Zeichnungen, kart.
●●

Rund ums Jahr erfolgreich gärtnern
Gewächshäuser
planen · bauen · einrichten · nutzen.
(4408) Von Dr. G. Schoser, J. Wolff, 232 S.,
315 Farbfotos, 5 s/w-Fotos, 53 Farbzeichnungen, Pappband. ●●●●●

Gartenteiche und Wasserspiele
planen, anlegen und pflegen. (4083) Von
H. R. Sikora, 160 S., 31 Farb- und 31 s/w-
Fotos, 73 Zeichnungen, Pappband. ●●●

Wasser im Garten
Von der Vogeltränke zum Naturteich –
Natürliche Lebensräume selbst gestalten.
(4230) Von H. Hendel, P. Keßeler, 240 S.,
247 Farbfotos, 68 Farbzeichnungen,
Pappband. ●●●●●

Mein kleiner Gartenteich
planen – anlegen – pflegen
(0851) Von I. Polaschek, 144 S., 85 Farbfotos,
10 Farbzeichnungen, kart. ●●

Leben im Naturgarten
Der Biogärtner und seine gesunde Umwelt.
(4124) Von N. Jorek, 128 S., 68 s/w-Fotos,
kart. ●●

So wird mein Garten zum Biogarten
Alles über die Umstellung auf naturgemäßen
Anbau. (0706) Von I. Gabriel, 128 S.,
73 Farbfotos, 54 Farbzeichnungen, kart. ●●

Gesunde Pflanzen im Biogarten
Biologische Maßnahmen bei Schädlings-
befall und Pflanzenkrankheiten. (0707) Von
I. Gabriel, 128 S., 126 Farbfotos, 12 Farbzeichnungen, kart. ●●

**Kosmische Einflüsse auf unsere
Gartenpflanzen**
Sterne beeinflussen Wachstum und Gesundheit der Pflanzen. (0708) Von I. Gabriel,
112 S., 57 Farbfotos, 43 Farbzeichnungen,
kart. ●●

Der Biogarten unter Glas und Folie
Ganzjährig erfolgreich ernten. (0722) Von
I. Gabriel, 128 S., 62 Farbfotos, 45 Farbzeich-
nungen, kart. ●●

Obst und Beeren im Biogarten
Gesunde und schmackhafte Früchte durch
natürlichen Anbau. (0780) Von I. Gabriel,
128 S., 38 Farbfotos, 71 Farbzeichnungen,
kart. ●●

Kräuter und Heilpflanzen im Biogarten
Gesunde Ernte durch natürlichen Anbau.
(0929) Von I. Gabriel, 112 S., 63 Farbfotos,
19 Farbzeichnungen, kart. ●●

Neuanlage eines Biogartens
Planung, Bodenvorbereitung, Gestaltung.
(0721) Von I. Gabriel, 128 S., 73 Farbfotos,
39 Zeichnungen, kart. ●●

Der biologische Zier- und Wohngarten
Planen, Vorbereiten, Bepflanzen und Pflegen.
(0748) Von I. Gabriel, 128 S., 72 Farbfotos,
46 Farbzeichnungen, kart. ●●

Gemüse im Biogarten
Gesunde Ernte durch naturgemäßen Anbau
(0830) Von I. Gabriel, 128 S., 26 Farbfotos,
86 Farbzeichnungen, kart. ●●

Erfolgreich gärtnern
durch naturgemäßen Anbau
(4252) Von I. Gabriel, 416 S., 176 Farbfotos,
212 Farbzeichnungen, Pappband. ●●●

Das Bio-Gartenjahr
Arbeitsplan für naturgemäßes Gärtnern.
(4169) Von N. Jorek, 128 S., 8 Farbtafeln,
70 s/w-Abb. kart. ●●

**Selbstversorgung aus dem eigenen
Anbau**
Reichen Erntesegen verwerten und haltbar
machen. (4182) Von M. Bustorf-Hirsch,
M. Hirsch, 216 S., 270 Abbildungen,
Pappband. ●●●

Mischkultur im Nutzgarten
Mit Jahreskalender und Anbauplänen.
(0651) Von H. Oppel, 112 S., 8 Farbtafeln,
23 s/w- Fotos, 29 Zeichnungen, kart. ●

**Erfolgreich gärtnern mit
Frühbeet und Folie**
(0828) Von Dr. Gustav Schoser, 88 S., 8 Farbtafeln, 46 s/w-Fotos, kart. ●

Erfolgstips für den Gemüsegarten
Mit naturgemäßem Anbau zu höherem
Ertrag. (0674) Von F. Mühl, 80 S.,
30 s/w-Fotos, 4 Zeichnungen, kart. ●

Erfolgstips für den Obstgarten
Gesunde Früchte durch richtige Sortenwahl
und Pflege. (0827) Von F. Mühl, 184 S.,
16 Farbtafeln, 33 Zeichnungen, kart. ●●

Erfolgstips für den Zierkarten
Schmuckpflanzen und Rasen richtig pflegen.
(0930) Von F. Mühl, 156 S., 12 Farbtafeln,
26 s/w–Zeichnungen, kart. ●●

**Gemüse, Kräuter, Obst aus dem
Balkongarten** – Erfolgreich ernten auf
kleinstem Raum. (0694) Von S. Stein, 32 S.,
34 Farbfotos, 6 Zeichnungen, Spiralbindung,
kart. ●

Keime, Sprossen, Küchenkräuter
am Fenster ziehen – rund ums Jahr. (0658)
Von F. und H. Jantzen, 32 S., 55 Farbfotos,
Pappband. ●

Balkons in Blütenpracht
zu allen Jahreszeiten.
(5047) Von N. Uhl, 64 S., 80 Farbfotos, Pappband. ●●

Kletterpflanzen
Rankende Begrünung für Fassade, Balkon
und Garten. (5140) Von M. Haberer, 64 S., 70
Farbabb., 2 Zeichnungen, Pappband. ●●

**Mein Kräutergarten
rund ums Jahr**
Täglich schnittfrisch und gesund würzen.
(4192) Von Prof. Dr. G. Lysek, 136 S., 15 Farbtafeln, 91 Zeichnungen, kart. ●●

Blühende Zimmerpflanzen
94 Arten mit Pflegeanleitungen. (5010) Von
R. Blaich, 64 S., 107 Farbfotos, Pappband.
●●

Prof. Stelzers grüne Sprechstunde
Gesunde Zimmerpflanzen
Krankheiten erkennen und behandeln · Mit
neuem Diagnosesystem. (4274) Von Prof. Dr.
G. Stelzer, 192 S., 410 Farbfotos, 10 s/w-
Zeichnungen, Pappband. ●●●●

**365 Erfolgstips für schöne Zimmer-
pflanzen**
(0893) Von H. Jantra, 144 S., 215 Farbfotos,
kart. ●●

Videokassette
Pflanzenjournal
Blumen- und Pflanzenpflege im Jahreslauf.
(6036) VHS, ca. 30 Min., in Farbe, ●●●●*

Blütenpracht in Grolit 2000
Der neue, mühelose Weg zu farbenprächti-
gen Zimmerpflanzen. (5127) Von G. Vocke,
64 S., 50 Farbfotos, Pappband. ●●

Ziergräser
Über 100 Arten erfolgreich kultivieren.
(0829) Von H. Jantra, 104 S., 73 Farbfotos,
6 Farbzeichnungen, kart. ●●

Bonsai
Japanische Miniaturbäume und Miniatur-
landschaften. Anzucht, Gestaltung und
Pflege. (4091) Von B. Lesniewicz, 160 S.,
106 Farbfotos, 46 s/w-Fotos, 115 Zeichnungen, gebunden. ●●●

**Zimmerbäume, Palmen und andere
Blattpflanzen**
Standort, Pflege, Vermehrung, Schädlinge.
(5111) Von G. Schoser, 96 S., 98 Farbfotos,
7 Zeichnungen, Pappband. ●●

Die hier vorgestellten Bücher, Videokassetten und Software sind in folgende Preisgruppen unterteilt:

● Preisgruppe bis   DM 10,–/S 79,–
●● Preisgruppe über DM 10,– bis DM 20,–
                  S 80,– bis S 160,–

●●● Preisgruppe über DM 20,– bis DM 30,–
                   S 161,– bis S 240,–

●●●● Preisgruppe über DM 30,– bis DM 50,–
                   S 241,– bis S 400,–
●●●●● Preisgruppe über DM 50,–/S 401,–
*(unverbindliche Preisempfehlung)

Die Preise entsprechen dem Status beim Druck dieses Verzeichnisses (s. Seite 1) – Änderungen, im besonderen der Preise, vorbehalten –

Biologisch zimmergärtnern
Zier- und Nutzpflanzen natürlich pflegen.
(4144) Von N. Jorek, 152 S., 15 Farbtafeln,
120 s/w-Fotos, Pappband. ●●

Zimmerpflanzen in Hydrokultur
Leitfaden für problemlose Blumenpflege.
(0660) Von H.-A. Rotter, 32 S., 76 Farbfotos,
8 farbige Zeichnungen, Pappband. ●

Kakteen und andere Sukkulenten
300 Arten mit über 500 Farbfotos. (4116)
Von G. Andersohn, 316 S., 520 Farbfotos,
193 Zeichnungen, Pappband. ●●●●

Fibel für Kakteenfreunde
(0199) Von H. Herold, 102 S., 23 Farbfotos,
37 s/w-Abb., kart. ●

Kakteen
Herkunft, Anzucht, Pflege, Arten. (5021) Von
W. Hoffmann, 64 S., 70 Farbfotos, Pappband.
●●

Faszinierende Formen und Farben
Kakteen
(4211) Von K. und F. Schild, 96 S., 127 Farbfotos, Pappband. ●●●

Falken-Handbuch Orchideen
Lebensraum, Kultur, Anzucht und Pflege.
(4231) Von G. Schoser, 144 S., 121 Farbfotos,
28 Farbzeichnungen, Pappband. ●●●

Vogelhäuschen, Nistkästen, Vogeltränken
mit Plänen und Anleitungen zum Selbstbau.
(0695) Von J. Zech 32 S., 42 Farbfotos,
6 Zeichnungen, Pappband. ●

Falken-Handbuch
Umweltschutz
Das Öko-Testbuch zur Eigeninitiative. (4160)
Von M. Häfner, 352 S., 411 Farbf., 152 Farb-
zeichnungen, Pappband. ●●●●

Pilze
erkennen und benennen. (0380) Von J. Rai-
thelhuber, 136 S., 110 Farbfotos, kart. ●●

Falken-Handbuch Pilze
Mit über 250 Farbfotos und Rezepten. (4061)
Von M. Knoop, 276 S., 250 Farbfotos,
Pappband. ●●●●

Speisepilze aus eingener Zucht
Anbau · Pflege · Zubereitung
(0909) Von U. Groos, 72 S., 8 Farbtafeln,
16 s/w-Zeichnungen, kart. ●

Grizimek Juniors BUNTE TIERWELT
(4295) Von Chr. Grizimek, 208 S., 308 Farbfotos, Pappband. ●●●

Falken-Handbuch Katzen
(4158) Von B. Gerber, 176 S., 294 Farb- und
88 s/w-Fotos, Pappband. ●●●●

Katzen
Rassen · Haltung · Pflege. (4216) Von
B. Eilert-Overbeck, 96 S., 82 Farbfotos, Papp-
band. ●●●

Das neue Katzenbuch
Rassen – Aufzucht – Pflege. (0427) Von
B. Eilert-Overbeck, 136 S., 14 Farbfotos,
26 s/w-Fotos, kart. ●●

Katzenkrankheiten
Erkennung und Behandlung. Steuerung des
Sexualverhaltens. (0652) Von Dr. med. vet.
R. Spangenberg, 176 S., 64 s/w-Fotos,
4 Zeichnungen, kart. ●

Falken-Handbuch Hunde
(4118) Von H. Bielfeld, 176 S., 222 Farb-
und 73 s/w-Abb., Pappband. ●●●●

Hunde
Rassen · Erziehung · Haltung. (4209) Von
H. Bielfeld, 96 S., 101 Farbfotos, Pappband.
●●●

Das neue Hundebuch
Rassen · Aufzucht · Pflege. (0009) Von
W. Busack, überarbeitet von Dr. med. vet.
A. H. Hacker und H. Bielfeld, 112 S., 8 Farb-
tafeln, 27 s/w-Fotos, 6 Zeichnungen, kart. ●

Falken-Handbuch
Der Deutsche Schäferhund
(4077) Von U. Förster, 228 S., 160 Abb.,
Pappband. ●●●

Der Deutsche Schäferhund
Aufzucht, Pflege und Ausbildung. (0073) Von
A. Hacker, 104 S., 56 Abb., kart. ●

Dackel, Teckel, Dachshund
Aufzucht · Pflege · Ausbildung. (0508) Von
M. Wein-Gysae, 112 S., 4 Farbtafeln, 43 s/w-
Fotos, 2 Zeichnungen, kart. ●

Hundeausbildung
Verhalten – Gehorsam – Abrichtung. (0346)
Von Prof. Dr. R. Menzel, 96 S., 18 Fotos, kart.
●

Grundausbildung für Gebrauchshunde
Schäferhund, Boxer, Rottweiler, Dobermann,
Riesenschnauzer, Airedaleterrier, Hovawart
und Bouvier. (0801) Von M. Schmidt und
W. Koch, 104 S., 8 Farbtafeln, 51 s/w-Fotos,
5 s/w-Zeichnungen, kart. ●

Hundekrankheiten
Erkennung und Behandlung, Steuerung des
Sexualverhaltens. (0570) Von Dr. med. vet.
R. Spangenberg, 128 S., 68 s/w-Fotos,
10 Zeichnungen, kart. ●

Falken-Handbuch Pferde
(4186) Von H. W. Werner, 176 S., 196 Farb-und
50 s/w-Fotos, 100 Zeichnungen, Pappband.
●●●●

Wellensittiche
Arten · Haltung · Pflege · Sprechunterricht ·
Zucht. (5136) Von H. Bielfeld, 64 S., 59 Farb-
fotos, Pappband. ●●

Papageien und Sittiche
Arten · Pflege · Sprechunterricht.
(0591) Von H. Bielfeld, 112 S., 8 Farbtafeln,
kart. ●

Geflügelhaltung als Hobby
(0749) Von M. Baumeister, H. Meyer, 184 S.,
8 Farbtafeln, 47 s/w-Fotos, 15 Zeichnungen,
kart. ●●

Das Süßwasser-Aquarium
Einrichtung · Pflege · Fische · Pflanzen.
(0153) Von H. J. Mayland, 152 S., 16 Farbtafeln, 43 s/w-Zeichnungen, kart. ●●

Falken-Handbuch
Süßwasser-Aquarium
(4191) Von H. J. Mayland, 288 S., 564 Farbfotos, 75 Zeichnungen, Pappband. ●●●●

DIE TIERSPRECHSTUNDE
Tiere im Wassergarten
(0808) Von Dr. med. vet. E. M. Bartenschlager, 96 S., 84 Farbfotos, 7 Zeichnungen,
kart. ●

DIE TIERSPRECHSTUNDE
Sittiche und kleine Papageien
(0864) Von Dr. med. vet. E. M. Bartenschlager, 88 S., 84 Farbfotos, 9 Zeichnungen,
kart. ●

DIE TIERSPRECHSTUNDE
Junge Katzen
(0862) Von Dr. med. vet. E. M. Bartenschlager, 72 S., 40 Farbfotos, 4 Farbzeichnungen,
kart. ●

DIE TIERSPRECHSTUNDE
Alles über Igel in Natur und Garten
(0810) Von Dr. med. vet. E. M. Bartenschlager, 68 S., 51 Farbfotos, kart. ●

DIE TIERSPRECHSTUNDE
Alles über Meerschweinchen
(0809) Von Dr. med. vet. E. M. Bartenschlager, 72 S., 43 Farbfotos, 11 Farbzeichnungen,
kart. ●

DIE TIERSPRECHSTUNDE
Alles über junge Hunde
(0863) Von Dr. med. vet. E. M. Bartenschlager, 64 S., 49 Farbfotos, 6 Zeichnungen,
kart. ●

DIE TIERSPRECHSTUNDE
Richtige Hundeernährung
(0811) Von Dr. med. vet. E. M. Bartenschlager,
80 S., 51 Farbfotos, 4 Farbzeichnungen, kart.
●

Dinosaurier
und andere Tiere der Urzeit. (4219) Von
G. Alschner, 96 S., 81 Farbzeichnungen,
4 Fotos, Pappband. ●●●

Mensch und Gesundheit

Die Frau als Hausärztin
Der unentbehrliche Ratgeber für die Gesundheit. (4072) Von Dr. med. A. Fischer-Dückel-
mann, 808 S., 14 Farbtafeln, 146 s/w-Fotos,
203 Zeichnungen, Pappband. ●●●

Dr. Reitners großes Gesundheitslexikon
Mit über 5000 Stichwörtern. (4282) Von Dr.
med. H.-J. Lewitzka-Reitner,
in Zusammenarbeit mit P. Janknecht und
U. Kannapinn, 504 S., 424 s/w-Abbildungen,
Pappband. ●●●●

Sexualberatung
(0402) Von Dr. med. M. Röhl, 168 S., 8 Farbtafeln,
17 Zeichnungen, Pappband. ●●

Die Kunst des Stillens
nach neuesten Erkenntnissen
(0701) Von Prof. med. E. Schmidt,
S. Brahm, 112 S., 20 Fotos und Zeichnungen,
kart. ●

Wenn Sie ein Kind bekommen
(4003) Von U. Klamroth, Dr. med. H. Oster,
240 S., 86 s/w-Fotos, 30 Zeichnungen, kart.
●●●

Der moderne Ratgeber
Wir werden Eltern
Schwangerschaft · Geburt · Erziehung des
Kleinkindes. (4269) Von B. Nees-Delaval,
376 S., 335 zweifarbige Abbildungen,
Pappband. ●●●●

Vorbereitung auf die Geburt
Schwangerschaftsgymnastik, Atmung, Rück-
bildungsgymnastik. (0251) Von S. Buchholz,
112 S., 98 s/w-Fotos, kart. ●

Wie soll es heißen?
(0211) Von D. Köhr, 136 S., kart. ●

Das Babybuch
Pflege · Ernährung · Entwicklung. (0531) Von
A. Burkert, 128 S., 16 Farbtafeln,
38 s/w-Fotos, 30 Zeichnungen, kart. ●●

Wenn der Mensch zum Vater wird
Ein heiter-besinnlicher Ratgeber. (4259) Von
D. Zimmer, 160 S., 20 Zeichnungen,
Pappband. ●●

Wenn Kinder krank werden
Medizinischer Ratgeber für Eltern.
(4240) Von Dr. med. I. J. Chasnoff, B. Nees-
Delaval, 232 S., 163 Zeichnungen, Pappband. ●●●

Die hier vorgestellten Bücher, Videokassetten und Software sind in folgende Preisgruppen unterteilt:

●　Preisgruppe bis　DM 10,–/S 79,–
●●　Preisgruppe über DM 10,– bis DM 20,–
　　　　　　　　　　S 80,– bis S 160,–

●●●　Preisgruppe über DM 20,– bis DM 30,–
　　　　　　　　　　S 161,– bis S 240,–

●●●●　Preisgruppe über DM 30,– bis DM 50,–
　　　　　　　　　　S 241,– bis S 400,–
●●●●●　Preisgruppe über DM 50,–/S 401,–
*(unverbindliche Preisempfehlung)

Die Preise entsprechen dem Status beim Druck dieses Verzeichnisses (s. Seite 1) – Änderungen, im besonderen der Preise, vorbehalten –

Psycho-Tests
– Erkennen Sich sich selbst. (0710) Von
B. M. Nash, R. B. Monchick, 304 S., 81 Zeichnungen, kart. ●

FALKEN-SOFTWARE
Ego-Tests
Sich und andere besser erkennen und
verstehen. (7012) Diskette für IBM PC kompatible (MS DOS) mit Begleitheft. ●●●●●*

Frauenträume – Männerträume
und ihre Bedeutung. (4198) Von G. Senger,
272 S., mit Traumlexikon, Pappband. ●●●

Wie Sie im Schlaf das Leben meistern
Schöpferisch träumen
Der Klartraum als Lebenshilfe.
(4258) Von Prof. D. P. Tholey, K. Utecht.
256 S., 1 s/w-Foto, 20 Zeichnungen, Pappband. ●●●

So deutet man Träume
Die Bildersprache des Unbewußten. (0444)
Von G. Haddenbach, 160 S., Pappband. ●

Bildatlas des menschlichen Körpers
(4177) Von G. Pogliani, V. Vannini, 112 S.,
402 Farbabb. 28 s/w-Fotos, Pappband. ●●●

Ratgeber Aids
Entstehung, Ansteckung, Krankheitsbilder,
Heilungschancen, Schutzmaßnahmen.
(0803) Von B. Baartman, Vorwort von Dr.
med. H. Jäger, 112 S., 8 Farbtafeln,
4 Grafiken, kart. ●●

Enzyme
Vitalstoffe für die Gesundheit. (0677) Von
G. Leibold, 96 S., kart. ●

Heilfasten
(0713) Von G. Leibold, 108 S., kart. ●

Besser leben durch Fasten
(0841) Von G. Leibold, 100 S., kart. ●-

Fastenkuren
Wege zur gesunden Lebensführung.
Rezepte und Tips für die Nachfastenzeit.
Kurzfasten · Saftfastenkuren · Fastenschalttage · Heilfasten. (4248) Von Ha. A. Mehler,
H. Keppler, 144 S., 16 s/w-Fotos, 9 Zeichnungen, Pappband. ●●●

Aus dem Schatz der Naturmedizin
Heilkräuterkuren
(4268) Von Dr. med. E. Rauch, Dr. rer. nat.
P. Kruletz, 144 S., 49 Zeichnungen, kart. ●●

Rheuma behandeln und lindern
Mit einem Vorwort von Dr. med. Max-Otto-
Bruker. (0836) Von G. Leibold, 100 S., kart. ●

Die echte Schroth-Kur
(0797) Von Dr. med. R. Schroth, 88 S.,
2 s/w-Fotos, kart. ●

Streß bewältigen durch Entspannung
(0834) Von Dr. med. Chr. Schenk, 88 S.,
29 Zeichnungen, kart. ●

Gesundheit und Spannkraft durch Yoga
(0321) Von L. Frank und U. Ebbers, 112 S.,
50 s/w-Fotos, kart. ●

Yoga für jeden
(0341) Von K. Zebroff, 156 S., 135 Abb.,
Spiralbindung. ●

Yoga für Schwangere
Der Weg zur sanften Geburt. (0777) Von
V. Bolesta-Hahn, 108 S., 76 zweifarbige Abb.
kart. ●●

**Yoga gegen Haltungsschäden und
Rückenschmerzen**
(0394) Von A. Raab, 104 S., 215 Abb., kart. ●
Bauch, Taille und Hüfte gezielt formen durch
Aktiv-Yoga
(0709) Von K. Zebroff, 112 S., 102 Farbfotos,
kart. ●●

Hypnose und Autosuggestion
Methoden – Heilwirkungen – praktische
Beispiele. (0483) Von G. Leibold, 120 S.,
9 Illustrationen, kart. ●

Kneippkuren zu Hause
(0779) Von G. Leibold, 112 S., 25 Zeichnungen, kart. ●

Krebsangst und Krebs behandeln
Mit einem Vorwort von Prof. Dr. med.
Friedrich Douwes. (0839) Von G. Leibold,
104 S., kart. ●

Allergien behandeln und lindern
Mit einem Vorwort von Prof. Dr. med. Axel
Stemmann. (0840) Von G. Leibold, 104 S.,
4 Zeichnungen, kart. ●

Besser sehen durch Augentraining
Ein Gesundheitsprogramm zur Verbesserung
des Sehvermögens. (0914) Von K. Schutt, B.
Rumpler, 96 S., 32 s/w-Zeichnungen, kart. ●

Darmleiden
Krankheitsbilder, Behandlung, Selbstbehandlung, Richtige Lebensführung und
Ernährung. (0798) Von Dr. med. K. Steffens,
112 S., 46 Zeichnungen, kart. ●

Massage
(0750) Von B. Rumpler, K. Schutt, 112 S.,
116 zweifarbige Zeichnungen, kart. ●●

Fußmassage
Reflexzonentherapie am Fuß (0714) Von G.
Leibold, 96 S., 38 Zeichnungen, kart. ●

Rheuma und Gicht
Krankheitsbilder, Behandlung, Therapieverfahren, Selbstbehandlung, Richtige
Lebensführung und Ernährung. (0712) Von
Dr. J. Höder, J. Bandick, 104 S., kart. ●

Diabetes
Krankheitsbild, Therapie, Kontrollen,
Schwangerschaft, Sport, Urlaub, Alltagsprobleme, Neueste Erkenntnisse der
Diabetesforschung. (0895) Von Dr. med.
H. J. Krönke, 120 S., 4 Farbtafeln, 14 s/w-
Fotos, 13 s/w-Zeichnungen, kart. ●

Krampfadern
Ursachen, Vorbeugung, Selbstbehandlung,
Therapieverfahren. (0727) Von Dr. med.
K. Steffens, 96 S., 38 Abb., kart. ●

Gallenleiden
Krankheitsbilder, Behandlung, Therapieverfahren, Richtige Lebensführung und Ernährung. (0673) Von
Dr. med. K. Steffens, 104 S., 34 Zeichnungen, kart. ●

Asthma
Pseudokrupp, Bronchitis und Lungenemphysem. (0778) Von Prof. Dr. med. W. Schmidt,
120 S., 56 Zeichnungen, kart. ●

Autogenes Training
Anwendung – Heilwirkungen · Methoden.
(0541) Von R. Faller, 128 S., 3 Zeichnungen,
kart. ●

**Die fernöstliche Fingerdrucktherapie
Shiatsu**
Anleitungen zur Selbsthilfe – Heilwirkungen.
(0615) Von G. Leibold, 196 S., 180 Abb., kart. ●

Eigenbehandlung durch Akupressur
Heilwirkungen – Energielehre – Meridiane.
(0417) Von G. Leibold, 152 S., 78 Abb., kart. ●

Chinesische Naturheilverfahren
Selbstbehandlung mit bewährten Methoden
der physikalischen Therapie. Atemtherapie ·
Heilgymnastik · Selbstmassage · Vorbeugen ·
Behandeln · Entspannen. (4247) Von
F. T. Lie, 160 S., 292 zweifarbige Zeichnungen, Pappband. ●●●

Massagetechniken und Heilanzeigen
Reflexzonentherapie
(4404) Von G. Leibold, 128 S., 53 Farbzeichnungen, Pappband. ●●●

Chinesisches Schattenboxen
Tai-Ji-Quan
für geistige und körperliche Harmonie.
(0850) Von F. T. Lie, 120 S., 221 s/w-Fotos,
9 s/w-Zeichnungen, Beilage: 1 s/w-Poster mit
zahlreichen Abbildungen, kart. ●●

Gesundheit durch altbewährte Kräuterrezepte und Hausmittel aus der
Natur-Apotheke
(4156) Von G. Leibold, 236 S., 8 Farbtafeln,
100 Zeichnungen, kart., ●●

**Heiltees und Kräuter für die
Gesundheit**
(4123) Von G. Leibold, 136 S., 15 Farbtafeln,
16 Zeichnungen, kart. ●●

Falken-Handbuch **Heilkräuter**
Modernes Lexikon der Pflanzen und Anwendungen (4076) Von G. Leibold, 392 S.,
183 Farbfotos, 22 Zeichnungen, geb. ●●●●

Kochen für Diabetiker
Gesund und schmackhaft für die ganze
Familie. (4132) Von M. Toeller, W. Schumacher, A. C. Groote, 224 S., 109 Farbfotos,
94 Zeichnungen, Pappband. ●●●

Neue Rezepte für Diabetiker-Diät
Vollwertig – abwechslungsreich - kalorienarm. (0418) Von M. Oehlrich, 120 S., 8 Farbtafeln, kart. ●

**Diät bei Krankheiten des Magens und
Zwölffingerdarms**
Rezeptteil von B. Zöllner. (3201) Von Prof. Dr.
med. H. Kaess, 96 S., 35 Farbfotos,
1 s/w-Zeichnung, kart. ●●

**Diät bei Herzkrankheiten und
Bluthochdruck**
Salzarme (natriumarme) Kost, Rezeptteil von
B. Zöllner. (3202) Von Prof. Dr. med.
H. Rottka, 92 S., 4 Farbtafeln, kart. ●●

Diät bei Erkrankungen der Nieren, Harnwege und bei Dialysebehandlung
Rezeptteil von B. Zöllner. (3203) Von Prof. Dr.
med. Dr. h. c. H. J. Sarre und Prof. Dr. med.
R. Kluthe, 96 S., 33 Farbfotos, 1 s/w-Zeichnung, kart. ●●

Richtige Ernährung wenn man älter wird
Rezeptteil von B. Zöllner. (3204) Von Prof. Dr.
med. H.-J. Pusch. 96 S., 36 Farbfotos und
3 s/w-Zeichnungen, kart. ●●

Diät bei Gicht und Harnsäuresteinen
Rezeptteil von B. Zöllner. (3205) Von Prof. Dr.
med. R. Zöllner, 80 S., 4 Farbtafeln, kart. ●●

Diät bei Zuckerkrankheit
Rezeptteil von B. Zöllner. (3206) Von Prof. Dr.
med. P. Dieterle, 112 S., 42 Farbfotos, 4 vierfarbige Vignetten, 1 s/w-Zeichnung, kart. ●●

**Diät bei Krankheiten der Gallenblase,
Leber und Bauchspeicheldrüse**
Rezeptteil von B. Zöllner. (3207) Von Prof. Dr.
med. H. Kasper, 88 S., 4 Farbtafeln, kart. ●●

**Diät bei Störungen des Fettstoffwechsels
und zur Vorbeugung der Arteriosklerose**
Rezeptteil von B. Zöllner. (3208) Von Prof. Dr.
med. G. Wolfram und Dr. med. O. Adam,
104 S., 4 Farbtafeln, kart. ●●

Diät bei Übergewicht
Rezeptteil von B. Zöllner. (3209) Von Prof. Dr.
med. Ch. Keller, 104 S., 42 Farbfotos,
3 s/w-Zeichnungen, kart. ●●

Diät bei Darmkrankheiten
Durchfall – Divertikulose, Reizdarm und Darmträgheit – einheimische Sprue (Zöliakie) – Disaccharidasemangel – Dünndarmresektion – Dumping Syndrom. Rezeptteil von B. Zöllner. (3211) Von Prof. Dr. med. G. Strohmeyer, 88 S., 4 Farbtafeln, kart. ●●

Ballaststoffreiche Kost bei Funktionsstörungen des Darms
Rezeptteil von B. Zöllner. (3212) Von Prof. Dr. med. H. Kasper, 96 S., 34 Farbfotos, 1 s/w-Foto, kart. ●●

Rat und Wissen

Der gute Ton
Ein moderner Knigge. (0063) Von I. Wolter, 168 S., 38 Zeichnungen, 53 s/w-Fotos, kart. ●

Haushaltstips von A bis Z
(0759) Von A. Eder, 80 S., 30 Zeichnungen, kart. ●

Familienforschung · Ahnentafel · Wappenkunde
Wege zur eigenen Familienchronik. (0744) Von P. Bahn, 128 S., 8 Farbtafeln, 30 Abbildungen, kart. ●●

Die Kunst der freien Rede
Ein Intensivkurs mit vielen Übungen, Beispielen und Lösungen. (4189) Von G. Hirsch, 232 S., 11 Zeichnungen, Pappband. ●●●

Reden zur Taufe, Kommunion und Konfirmation
(0751) Von G. Georg, 96 S., kart. ●

Der richtige Brief zu jedem Anlaß
Das moderne Handbuch mit 400 Musterbriefen. (4179) Von H. Kirst, 376 S., Pappband. ●●●

Wir heiraten
Ratgeber zur Vorbereitung und Festgestaltung der Verlobung und Hochzeit. (4188) Von C. Poensgen, 216 S., 8 s/w-Fotos, 30 s/w-Zeichnungen, 8 Farbtafeln, Pappband. ●●●

Wir feiern Hochzeit
Festgestaltung – phantasievoll und modern. (0943) Von H. J. Winkler, 120 S., kart. ●

Von der Verlobung zur Goldenen Hochzeit
(0393) Von E. Ruge, 120 S., kart. ●

Reden zur Hochzeit
Musteransprachen für Hochzeitstage. (0654) Von G. Georg, 112 S., kart. ●

Glückwünsche, Toasts und Festreden zur Hochzeit.
(0264) Von I. Wolter, 128 S., 18 Zeichnungen, kart. ●

Hochzeits- und Bierzeitungen
Muster, Tips und Anregungen. (0288) Von H.-J. Winkler, mit vielen Text- und Gestaltungsanregungen, 116 S., 15 Abb., 1 Musterzeitung, kart. ●

Kindergedichte zur Grünen, Silbernen und Goldenen Hochzeit
(0318) Von H.-J. Winkler, 104 S., 20 Abb., kart. ●

Kindergedichte für Familienfeste
(0860) Von B. H. Bull, 96 S., 20 Zeichnungen, kart. ●

Die Silberhochzeit
Vorbereitung · Einladung · Geschenkvorschläge · Dekoration · Festablauf · Menüs · Reden · Glückwünsche. (0542) Von K. F. Merkle, 120 S., 41 Zeichnungen, kart. ●

Großes Buch der Glückwünsche
(0255) Hrsg. von O. Fuhrmann, 176 S., 77 Zeichnungen und viele Gestaltungsvorschläge, kart. ●

Herzliche Glückwünsche!
Die schönsten Gedichte und Texte für viele Gelegenheiten. (0942) Hrsg. von B. H. Bull, 256 S., 50 Zeichnungen, Pappband. ●●

Neue Glückwunschfibel
für Groß und Klein. (0156) Von R. Christian-Hildebrandt, 96 S., kart. ●

Glückwunschverse für Kinder
(0277) Von B. Ulrici, 80 S., kart. ●

Die Redekunst
Rhetorik · Rednererfolg (0076) Von K. Wolter, überarbeitet von Dr. W. Tappe, 80 S., kart. ●

Reden und Ansprachen
für jeden Anlaß. (4009) Hrsg. von F. Sicker, 454 S., gebunden. ●●●●

Reden zum Jubiläum
Musteransprachen für viele Gelegenheiten (0595) Von G. Georg, 112 S., kart. ●

Reden zum Ruhestand
Musteransprachen zum Abschluß des Berufslebens (0790) Von G. Georg, 104 S., kart. ●

Reden und Sprüche zu Grundsteinlegung, Richtfest und Einzug
(0598) Von A. Bruder, dt. Georg, 96 S., kart. ●

Reden zu Familienfesten
Musteransprachen für viele Gelegenheiten. (0675) Von G. Georg, 112 S., kart. ●

Reden zum Geburtstag
Musteransprachen für familiäre und offizielle Anlässe. (0773) Von G. Georg, 104 S., kart. ●

Festreden und Vereinsreden
Ansprachen für festliche Gelegenheiten. (0069) Von K. Lehnhoff, E. Ruge, 88 S., kart. ●

Reden im Verein
Musteransprachen für viele Gelegenheiten. (0703) Von G. Georg, 112 S., kart. ●

Programm und Publikum
Der ständige Versuch einer Annäherung. Beiträge und Reden über das öffentlich-rechtliche Fernsehen. (0874) Von A. Schardt, 167 S., kart. ●●

Trinksprüche
Fest- und Damenreden in Reimen. (0791) Von L. Metzner, 88 S., 14 s/w-Zeichnungen, kart. ●

Trinksprüche, Richtsprüche, Gästebuchverse
(0224) Von D. Kellermann, 80 S., kart. ●

Ins Gästebuch geschrieben
(0576) Von K. H. Trabeck, 96 S., 24 Zeichnungen, kart. ●

Poesiealbumverse
Heiteres und Besinnliches. (0578) Von A. Göttling, 112 S., 20 Zeichnungen, Pappband. ●●

Verse fürs Poesiealbum
(0241) Von I. Wolter, 96 S., 20 Abb., kart. ●
Rosen, Tulpen, Nelken . . .

Beliebte Verse fürs Poesiealbum
(0431) Von W. Pröve, 96 S., 11 Faksimile-Abb., kart. ●

Der Verseschmied
Kleiner Leitfaden für Hobbydichter. Mit Reimlexikon. (0597) Von T. Parisius, 96 S., 28 Zeichnungen, kart. ●

Moderne Korrespondenz
Handbuch für erfolgreiche Briefe. (4014) Von H. Kirst und W. Manekeller, 544 S., Pappband. ●●●●

Der neue Briefsteller
Musterbriefe für alle Gelegenheiten. (0060) Von I. Wolter-Rosendorf, 112 S., kart. ●

Geschäftliche Briefe
des Privatmanns, Handwerkers, Kaufmanns. (0041) Von A. Römer, 120 S., kart. ●

Behördenkorrespondenz
Musterbriefe – Anträge – Einsprüche. (0412) Von E. Ruge, 120 S., kart. ●

Musterbriefe
für alle Gelegenheiten. (0231) Hrsg. von O. Fuhrmann, 240 S., kart. ●

Privatbriefe
Muster für alle Gelegenheiten. (0114) Von I. Wolter-Rosendorf, 132 S., kart. ●

Briefe zu Geburt und Taufe
Glückwünsche und Danksagungen. (0802) Von H. Beitz, 96 S., 12 Zeichnungen, kart. ●

Briefe zum Geburtstag
Glückwünsche und Danksagungen (0822) Von H. Beitz, 104 S., 22 Zeichnungen, kart. ●

Briefe zur Hochzeit
Glückwünsche und Danksagungen. (0852) Von R. Röngen, 96 S., 1 Zeichnung, 39 Vignetten, kart. ●

Briefe der Liebe
Anregungen für gefühlvolle und zärtliche Worte. (0903) Hrsg. von H. Beitz, 96 S., 4 Zeichnungen, kart. ●

Erfolgstips für den Schriftverkehr
Briefwechsel leicht gemacht durch einfachen Stil und klaren Ausdruck (0678) Von U. Schoenwald, 120 S., kart. ●

Worte und Briefe der Anteilnahme
(0464) Von E. Ruge, 128 S., mit vielen Abb., kart. ●

Reden in Trauerfällen
Musteransprachen für Beerdigungen und Trauerfeiern (0736) Von G. Georg, 104 S., kart. ●

In Anerkennung Ihrer...
Lob und Würdigung in Briefen und Reden
(0535) Von H. Friedrich, 136 S., kart. ●

Das große farbige Kinderlexikon
(4195) Von U. Kopp, 320 S., 493 Farbabb., 17 s/w-Fotos, Pappband. ●●●
ZDF · ORF · DRS
Kompaß Jugend-Lexikon
(4096) Von R. Kerler, J. Blum, 384 S., 766 Farbfotos, 39 s/w-Abb., Pappband. ●●●●

Elternsache Grundschule
(0692) Hrsg. von K. Meynersen, 324 S., kart. ●●●

Vom Urkrümel zum Atompilz
Evolution – Ursache und Ausweg aus der Krise. (4181) Von J. Voigt, 188 S., 20 Farb- und 70 s/w-Fotos, 32 Zeichnungen, kart. ●●

Neues Denken – alte Geister
New Age unter der Lupe. (4278) Von G. Myrell, Dr W. Schmandt, J. Voigt, 176 S., 54 Farbfotos, 3 Zeichnungen, kart. ●●

Schülerlexikon der Mathematik
Formeln, Übungen und Begriffserklärungen für die Klassen 5–10. (0430) Von R. Müller, 176 S., 96 Zeichnungen, kart. ●

Mathematik verständlich
Zahlenbereiche Mengenlehre, Algebra, Geometrie, Wahrscheinlichkeitsrechnung, Kaufmännisches Rechnen. (4135) Von R. Müller, 652 S., 10 s/w- und 109 Farbfotos, 802 farbige und 79 s/w-Zeichnungen, über 2500 Beispiele und Übungen mit Lösungen, Pappband. ●●●●●

Mathematische Formeln für Schule und Beruf
Mit Beispielen und Erklärungen. (0499) Von R. Müller, 156 S., 210 Zeichnungen, kart. ●

Rechnen aufgefrischt
für Schule und Beruf. (0100) Von H. Rausch, 144 S., kart. ●

Physik verständlich
Förderkurs für die Klassen 7 bis 10 (0926) Von Dr. Th. Neubert, 136 S., 146 s/w-Zeichnungen, 166 Aufgaben, kart. ●●

Mehr Erfolg in Schule und Beruf
Besseres Deutsch
Mit Übungen und Beispielen für Rechtschreibung, Diktate, Zeichensetzung, Aufsätze, Grammatik, Literaturbetrachtung, Stil, Briefe, Fremdwörter, Reden. (4115) Von K. Schreiner, 444 S., 7 s/w-Fotos, 27 Zeichnungen, Pappband. ●●●

Richtiges Deutsch
Rechtschreibung · Zeichensetzung · Grammatik · Stilkunde. (0551) Von K. Schreiner, 128 S., 7 Zeichnungen, kart. ●

Diktate besser schreiben
Übungen zur Rechtschreibung für die Klassen 4–8. (0469) Von K. Schreiner, 152 S., 31 Zeichnungen, kart. ●

Aufsätze besser schreiben
Förderkurs für die Klassen 4–10. (0429) Von K. Schreiner, 144 S., 4 s/w-Fotos, 27 Zeichnungen, kart. ●

Deutsche Grammatik
Ein Lern- und Übungsbuch. (0704) Von K. Schreiner, 112 S., kart. ●

Mehr Erfolg in der Schule
Deutsche Rechtschreibung und Grammatik
Übungen und Beispiele für die Klassen 5–10. (4407) Von K. Schreiner, 256 S., durchgehend zweifarbig, Pappband. ●●●

Mehr Erfolg in der Schule
Der Deutschaufsatz
Übungen und Beispiele für die Klassen 5–10. (4271) Von K. Schreiner, 240 S., 4 s/w-Fotos, 51 Zeichnungen, Pappband. ●●●

Richtige Zeichensetzung
durch neue, vereinfachte Regeln. Erläuterungen der Zweifelsfragen anhand vieler Beispiele. (0774) Von Prof. Dr. Ch. Stetter, 160 S., kart. ●

Richtige Groß- und Kleinschreibung
durch neue, vereinfachte Regeln. Erläuterungen der Zweifelsfragen anhand vieler Beispiele. (0897) Von Prof. Dr. Ch. Stetter, 96 S., kart. ●

Besseres Englisch
Grammatik und Übungen für die Klassen 5 bis 10. (0745) Von E. Henrichs, 144 S., ●●

The Grammar Master
Englische Grammatik üben und beherrschen. (7002) Diskette für den C 64/C 128 (im 64er Modus) ●●●●*

Vokabeltrainer Englisch
Von B. Hoppius. (7001) Wendediskette für C 64/C 128 PC, mit Begleitheft. ●●●●*
(7007) Wendediskette für Atari ST 520/1040, mit Begleitheft. ●●●●●*

Take a Trip to Britain
(7004) Von reLine, Diskette für C 64/C 128 PC, mit Begleitheft. ●●●●*

Schnell und sicher zum Führerschein
Tips und Tricks aus 30jähriger-Fahrschul-Praxis. (0921) Von O. Einert, 152 S., 156 Farbfotos, 161 z. T. farb. Zeichnungen, kart. ●●

Maschinenschreiben für Kinder
(0274) Von H. Kaus, 48 S., farbige Abb., kart. ●

So lernt man leicht und schnell
Maschinenschreiben
Lehrbuch für Schulen, Lehrgänge und Selbstunterricht. (0568) Von M. Kempkes, 112 S., 31 s/w- Fotos, 36 Zeichnungen, kart. ●

Maschinenschreiben durch Selbstunterricht
(0170) Von A. Fonfara, 84 S., kart. ●

Maschinenschreiben
In 10 Tagen spielend gelernt. Von Unterrichtsmedien Hoppius. (7008) Diskette für den C 64 und C 128 PC ●●●●*
(7009) für IBM PC + kompatible, ●●●●●*
(7010) für Schneider CPC 464, 664, 6128, ●●●●●*

Stenografie leicht gelernt
im Kursus oder Selbststunterricht. (0266) Von H. Kaus, 64 S., kart. ●

Buchführung
leicht gefaßt. Ein Leitfaden für Handwerker und Gewerbetreibende. (0127) Von R. Pohl. 104 S., kart. ●

Buchführung leicht gemacht
Ein methodischer Grundkurs für den Selbstunterricht. (4238) Von D. Machenheimer, R. Kersten, 252 S., Pappband. ●●●

Erfolgreiche Kaufmannspraxis
Wirtschaftliche Grundlagen, Geld, Kreditwesen, Steuern, Betriebsführung, Recht, EDV. (4046) Von W. Göhler, H. Gölz, M. Heibel, Dr. D. Machenheimer, 544 S., gebunden. ●●●●

Familienrecht
Ehe – Scheidung – Unterhalt. (4190) Von T. Drewes, R. Hollender, 368 S., Pappband. ●●●

Scheidung und Unterhalt
nach dem neuen Eherecht. Mit dem Unterhaltsänderungsgesetz 1986. (0403) Von T. Drewes, 112 S., mit Kosten und Unterhaltstabellen, kart. ●

Erziehungsgeld, Mutterschutz, Erziehungsurlaub
Alles über das neue Recht für Eltern. Mit den Gesetzestexten. (0835) Von J. Grönert, 144 S., kart. ●

Endlich 18 und nun?
Rechte und Pflichten mit der Volljährigkeit. (0646) Von R. Rathgeber, 224 S., 27 Zeichnungen, kart. ●●

Was heißt hier minderjährig?
(0765) Von R. Rathgeber, C. Rummel, 148 S., 50 Fotos, 25 Zeichnungen, kart. ●●

Erbrecht und Testament
Mit Erläuterungen des Erbschaftssteuergesetzes von 1974. (0046) Von Dr. jur. H. Wandrey, 124 S., kart. ●

Testament und Erbschaft
Erbfolge, Rechte und Pflichten der Erben, Erbschafts- und Schenkungssteuer, Mustertestamente. (4139) Von T. Drewes, R. Hollender, 304 S., Pappband. ●●●

Mein letzter Wille
Ratgeber für Erblasser, Erben und Hinterbliebene. (0939) Von T. Drewes, 136 S., 9 s/w-Zeichnungen, kart. ●●

Präzise Ratschläge für
Ihre optimale Rente
Vorbereitung · Berechnungsgrundlagen · Gesetzesänderungen · Individuelle Rechenbeispiele. (0806) Von K. Möcks, 96 S., 24 Formulare, 1 Graphik, kart. ●

Mietrecht
Leitfaden für Mieter und Vermieter. (0479) Von J. Beuthner, 196 S., kart. ●●

Wege zum Börsenerfolg
Aktien · Anleihen · Optionen (4275) Von H. Krause, 252 S., 4 s/w-Fotos, 86 Zeichnungen, Pappband. ●●●

So werde ich erfolgreich
Ratschläge und Tips für Beruf und Privatleben. (0918) Von H. Hans, 104 S., kart. ●●

99 Alternativen für Umsteiger
Mehr Freude am Leben mit dem richtigen Beruf. (4251) Von D. Maxeiner, P. Birkenmeier, 192 S., 143 Fotos, 46 Zeichnungen, kart. ●●●

Lebenslauf und Bewerbung
Beispiele für Inhalt, Form und Aufbau. (0428) Von H. Friedrich, 112 S. kart. ●

Erfolgreiche Bewerbungsbriefe und Bewerbungsformen
(0138) Von W. Manekeller, 88 S., kart. ●

Die erfolgreiche Bewerbung
Bewerbung und Vorstellung. (0173) Von W. Manekeller, 156 S., kart. ●

Die Bewerbung
Der moderne Ratgeber für Bewerbungsbriefe, Lebenslauf und Vorstellungsgespräche. (4138) Von W. Manekeller, 264 S., Pappband. ●●●

Erfolgreiche Bewerbung um einen Ausbildungsplatz
(0715) Von H. Friedrich, 136 S., kart. ●

Die ersten Tage am neuen Arbeitsplatz
Ratschläge für den richtigen Umgang mit Kollegen und Vorgesetzten (0855) Von H. Friedrich, 104 S., kart. ●

Zeugnisse im Beruf
richtig schreiben, richtig verstehen. (0544) Von H. Friedrich, 112 S., kart. ●

Vorstellungsgespräche
sicher und erfolgreich führen. (0636) Von H. Friedrich, 144 S., kart. ●

Keine Angst vor Einstellungstests
Ein Ratgeber für Bewerber. (0793) Von Ch. Titze. 120 S., 67 Zeichnungen, kart. ●

Esoterik

Bauernregeln, Bauernweisheiten, Bauernsprüche
(4243) Von G. Haddenbach, 192 S., 62 Farbabb. 9 s/w-Fotos, 144 s/w-Zeichnungen, Pappband. ●●●

Gesund durch Gedankenenergie
Heilung im gemeinsamen Kraftfeld (6035) VHS, 45 Min., in Farbe ●●●●●*

Die hier vorgestellten Bücher, Videokassetten und Software sind in folgende Preisgruppen unterteilt:

● Preisgruppe bis DM 10,–/S 79,–
●● Preisgruppe über DM 10,– bis DM 20,– S 80,– bis S 160,–
●●● Preisgruppe über DM 20,– bis DM 30,– S 161,– bis S 240,–
●●●● Preisgruppe über DM 30,– bis DM 50,– S 241,– bis S 400,–
●●●●● Preisgruppe über DM 50,–/S 401,–
*(unverbindliche Preisempfehlung)

Die Preise entsprechen dem Status beim Druck dieses Verzeichnisses (s. Seite 1) – Änderungen, im besonderen der Preise, vorbehalten –

Die Magie der Zahlen
So nutzen Sie die Geheimnisse der Numerologie für Ihr persönliches Glück mit den völlig neuen Planetennumeroskop (4242) Von B. A. Mertz, 224 S., 36 Abbildungen, Pappband. ●●●

I Ging der Liebe
Das altchinesische Orakel für Partnerschaft und Ehe. (4244) Von Damian-Knight, 320 S., 64 s/w-Zeichnungen, Pappband. ●●●

Die neue Lebenshilfe **Biorhythmik**
Höhen und Tiefen der persönlichen Lebenskurven vorausberechnen und danach handeln. (0458) Von W. A. Appel, 157 S., 63 Zeichnungen, Pappband. ●●

Die neue Erkenntnisse zum Biorhythmus
Individuelle Rhythmogramme für Berufserfolg und Gesundheit, Partnerschaft und Freizeit, Beilage: Tagesformplaner. (4276) Von H. Bott, 144 S., 35 s/w-Zeichnungen, Pappband. ●●●

Falken-Handbuch **Kartenlegen**
Wahrsagen mit Tarot-, Skat-, Lenormand- und Zigeunerblättern. (4226) Von B. A. Mertz, 288 S., 38 Farb- und 108 s/w-Abb. Pappband. ●●●●

Wahrsagen mit Tarot-Karten
(0482) Von E. J. Nigg, 112 S., 4 Farbtafeln, 52 s/w-Abb., Pappband. ●●

Selbst Wahrsagen mit Karten
Die Zukunft in Liebe, Beruf und Finanzen. (0404) Von R. Koch, 112 S., 252 Abb., Pappband. ●●

Weissagen, Hellsehen, Kartenlegen . . .
Wie jeder die geheimen Kräfte ergründen und für sich nutzen kann. (4153) Von G. Haddenbach, 192 S., 40 Zeichnungen, Pappband. ●●

Erkennen Sie Psyche und Charakter durch **Handdeutung**
(4176) Von B. A. Mertz, 252 S., 9 s/w-Fotos, 160 Zeichnungen, Pappband. ●●●●

Falken-Handbuch **Astrologie**
Charakterkunde · Schicksal · Liebe und Beruf · Berechnung und Deutung von Horoskopen · Aszendenttabelle. (4068) Von B. A. Mertz, 342 S., mit 60 erläuternden Grafiken, Pappband. ●●●

Die Familie im Horoskop
Glück und Harmonie gemeinsam erleben – Probleme und Gegensätze verstehen und tolerieren. (4161) Von B. A. Mertz, 296 S., 40 Zeichnungen, kart. ●●●

Aztekenhoroskop
Deutung von Liebe und Schicksal nach dem Aztekenkalender. (0543) Von C.-M. und R. Kerler, 160 S., 20 Zeichnungen, Pappband. ●

Was sagt uns das Horoskop?
Praktische Einführung in die Astrologie. (0655) Von B. A. Mertz, 176 S., 25 Zeichnungen, kart. ●

Das Super-Horoskop
Der neue Weg zur Deutung von Charaker, Liebe und Schicksal nach chinesischer und abendländischer Astrologie. (0465) Von G. Haddenbach, 175 S., kart. ●

Liebeshoroskop für die 12 Sternzeichen
Alles über Chancen, Beziehungen, Erotik, Zärtlichkeit, Leidenschaft. (0587) Von G. Haddenbach, 144 S., 11 Zeichnungen, kart. ●

Die 12 Sternzeichen
Charakter, Liebe und Schicksal. (0385) Von G. Haddenbach, 160 S., Pappband. ●●

Die 12 Tierzeichen im chinesischen Horoskop
(0423) Von G. Haddenbach, 128 S., Pappband. ●

Sternstunden
für Liebe, Glück und Geld, Berufserfolg und Gesundheit. Das ganz persönliche Mitbringsel für Widder (0621), Stier (0622), Zwillinge (0623), Krebs (0624), Löwe (0625), Jungfrau (0626), Waage (0627), Skorpion (0628), Schütze (0629), Steinbock (0630), Wassermann (0631), Fische (0632) Von L. Cancer, 62 S., durchgehend farbig, Zeichnungen, Pappband. ●

Computer-Bücher und Software

Computer Grundwissen
Eine Einführung in Funktion und Einsatzmöglichkeiten. (4302) Von W. Bauer, 176 Seiten, 193 Farb- und 12 s/w-Fotos, 37 Computergrafiken, kart., ●●●
(4301) Pappband, ●●●●

Einführung in die Programmiersprache BASIC. (4303) Von S. Curran und R. Curnow, 192 S., 92 Zeichnungen, kart. ●●●

Intelligenz in BASIC
für Schneider CPC 464/664/6128. Mit Diskette 3". (4320) Von K.-H. Koch, 160 S., 14 Zeichnungen, kart. ●●●●●

Lernen mit dem Computer. (4304)
Von S. Curran und R. Curnow, 144 S., 34 Zeichnungen, Spiralbindung, ●●

Garantiert BASIC lernen mit dem C 128
Mit kompletter Kurs-Diskette (4321) Von A. Görgens, 288 S., 4 s/w-Fotos, 83 Zeichnungen, kart. ●●●●

Grundwissen Informationsverarbeitung
(4314) Von H. Schiro, 312 S., 59 s/w-Fotos, 133 s/w-Zeichnungen, Pappband. ●●●●●

Heimcomputer-Bastelkiste
Messen, Steuern, Regeln mit C 64-, Apple II-, MSX-, TANDY-, MC-, Atari- und Sinclair-Computern. (4309) Von A. Karl, 256 S., 160 Zeichnungen, kart. ●●●●

WORDSTAR 2000
Textverarbeitung für Einsteiger und Profis Mit erprobten Anwendungen aus der Praxis. (4317) Von D. Nasser, 200 S., 9 s/w-Fotos, 3 Zeichnungen, kart. ●●●●●

Drucker und Plotter
Text und Grafik für Ihren Computer. (4315) Von K.-H. Koch, 192 S., 12 Farbtafeln, 5 s/w-Fotos, kart. ●●●●

Computergrafik
Von den Grundlagen bis zum perfekten 3 D-Programm. (4319) Von A. Brück, 296 S., 20 Farbtafeln, 180 s/w-Grafiken, 50 s/w- Zeichnungen, 83 Listings, Pappband. ●●●●●

Textverarbeitung mit Home- und Personal-Computern
Systeme – Vergleiche – Anwendungen. (4316) Von A. Görgens, 128 S., 49 s/w-Fotos, kart. ●●●●

Die tägliche PC-Praxis
Anwendungshilfen, Programme und Erweiterungen für MS-DOS-Computer (4322) Von A. Görgens, 224 S., 25 Abbildungen, kart. ●●●●

dBase III
Einführung für Einsteiger und Nachschlagewerk für Profis. (4310) Von J. Brehm, G. A. Karl, 211 S., 23 Abb., kart. ●●●●●

FALKEN PC PRAXIS
Desktop Publishing
Setzen und Drucken auf dem Schreibtisch. (4323) Von A. Görgens, 120 S., 11 s/w-Fotos, 72 Zeichnungen, kart. ●●●

FALKEN PC PRAXIS
WordStar Praxis professionell
Für die Versionen 3.4/3.45/4.0 Erweiterungen · Praxis-Tips · Datenaustausch · Desktop Publishing. (4324) Von A. Görgens, 172 S., 2 s/w-Fotos, 2 s/w-Zeichnungen, 116 s/w-Grafiken, Pappband. ●●●●

Die Super-Preisleistung

Die 100 bekanntesten und beliebtesten Volkslieder, mit wunderschönen Farbzeichnungen von Brian Bagnall, durchgehend farbig im Großformat als gebundener Pappband.

Kein schöner Land… Das große Buch unserer beliebtesten Volkslieder. (0001) Hrsg. von Norbert Linke, 208 Seiten, 118 Farbzeichnungen, Pappband.

Erschienen in der F. Bassermann'schen Verlagsbuchhandlung Nachf.

nur DM 10.-

FALKEN